障害社会学という視座

社会モデルから社会学的反省へ

榊原賢二郎 編著

新曜社

まえがき

榊原賢二郎

1 「障害社会学」がめざすこと

　本書は、「障害社会学」（または「障害の社会学」）という領域を開拓し広くご紹介するために企画されました。「障害社会学」というタイトルをつけているわけですから、対象読者には、これまで「障害者」と呼ばれてきた方やご家族、支援に当たる教育・医療・福祉などの関係者、また障害者をめぐる状況について考えたい一般の方・研究者が含まれます。ただ本書は、さらに広い射程を持っています。社会にはこれまで「障害者」と呼ばれてきた人以外にも、体をめぐる生きづらさを抱えてきた人が多くいます。体をめぐる生きづらさの中には、性や人種など、本書では中心的に扱っていない問題も含まれますが、「障害社会学」は体の機能や部位・構造をめぐる生きづらさを広く扱うことができる領域です。ですから、様々な体の機能や部位・構造をめぐる生きづらさを抱えている方やご家族・関係者、そしてそうした生きづらさについて考えたい一般の方・研究者に、広く本書を読んでいただきたいと思います。

　「障害」や「障害者」の範囲の問い直しの他にも、障害社会学はさまざまな課題を引き受けます。それらをまとめて一言で言えば、障害をめぐる社会構造の問題や常識的考え方の反省的なとらえ直しであると言えます。ただこの点が、これまでの障害研究とどのように違うのかについては、少し説明が必要です。詳しくは本書の7章（「障害社会学と障害学」）に譲りますが、以下では、特に「障害の社会モデル」

と呼ばれる障害観と比較しながら，障害社会学の特徴について少しご説明したいと思います。

障害社会学は，もちろん障害という事柄を「社会」との関わりで考えます。ただ，この点に限れば，すでに「障害の社会モデル」という考え方や，それに基づいて発展してきた「障害学」という領域で言われてきたことです。本書の企画が動きだした2016年は，障害の社会モデルの元となった『障害の根本原理』(The Union of the Physically Impaired against Segregation and the Disability Alliance (1976) *Fundamental Principles of Disability*, London: UPIAS and DA.) という冊子が出版されてから40周年に当たります。この冊子では，障害者が経験する問題は，医療で治せない体の部位の欠損や機能の低下そのもの（「損傷」または「インペアメント」）ではなく，むしろ障害者の参加を妨げ，生活を困難にするような社会の問題（「障害」または「ディスアビリティ」）であるという見方が示されました。そうした見方のことを障害の社会モデルと呼びます。障害の社会モデルは，それまでの障害を個人の医療的な問題とみる障害観（「医学モデル」）よりも「新しい」障害観でしたが，その「新しい」障害観も，もう40年ぐらいの歴史を持つまでになったわけです。

障害の社会モデルは，社会のあり方を変えて，障害者が生活しやすくするための制度の整備に結びつきました。2016年という年は，国際連合で障害者権利条約という条約が採択されてから10周年にあたりますし，2016年には日本で障害者差別解消法（「障害を理由とする差別の解消の推進に関する法律」）が施行されました。たとえば「差別」という社会の問題をなくすことによって，障害をめぐる問題を解決しようとしたこうした制度は，障害の社会モデルを具体化したものとして考えられます。

そのため，障害を社会との関係で見るという点では，障害社会学は障害の社会モデルと重なっています。実際，第7章でご紹介する通り，障害社会学についての説明の中身が，障害の社会モデルについて

の説明であったりもしました。それでは障害社会学という領域にはどのような意義があるのでしょうか。すでに書きましたが，障害社会学の核となるのは，社会構造や常識に対する反省です。これは障害の社会モデルがやってきたことと似ていますが，障害社会学は社会モデル自体を反省的にとらえ直すこともできます。この違いにより，障害社会学は障害の社会モデルや障害学の理論的・実践的制約を乗り越えて先に進むための原動力となります。

障害の社会モデルは，いわゆる医学モデル的な障害観を否定し，社会が生み出す不利益や困難に焦点を移しました。その意味で，社会モデルは常識を反省的にとらえ直したと言えます。ところが，その社会モデルもそれ自身，ある種の常識的な見方を問い直さずに前提としています。そうした前提を障害社会学はさらに問い直すことができます。

たとえば，誰が障害者なのかは，社会モデルにおいては実は明確ではありませんでした。この点を明らかにするためには，社会の問題（障害）とともに体の問題（損傷）を正面から扱う必要がありますが，社会モデルは障害に焦点を当てた結果，損傷とは何かという問いに十分な答えを用意してきませんでした。障害社会学はそれらを捉え直すことができ，そうした捉え直しの中で，これまで障害者と見なされてこなかった人やいわゆる「グレーゾーン」を巡る状況についても正面から論じることを可能にします。

障害社会学は，「損傷」だけでなく，社会モデルやそれと結び付いた運動・制度が形作った他の様々な考え方を捉え直すのにも適しています。社会モデルや障害者運動に結び付いた考え方には，「良い」こととしての評価が付いて回ります。そうした評価から一旦距離を取って，その意味を考え直すとき，社会学の力が生きてきます。障害者差別禁止という枠組みが何を目指していたのか，一旦分解して整理してみるというのも，障害社会学に属する作業です。また，障害学や障害運動に結び付いた考え方からもたらされた意図されていなかった結果を考察することも障害社会学が引き受けるべき課題です。障害者が

「地域」で生活できるように制度が拡充されても、ある種の状況にある人は、制度で意図されたような生活のあり方を選ばないかもしれません。そうした事態を分析するために、社会学が発展させてきた様々な考え方や道具が役に立つはずです。

また、障害社会学は、必ずしも社会モデル対医学モデル（個人モデルと呼ばれることもあります）という二項対立的な論じ方に縛られません。そのため、医学・医療のプラス・マイナス両面に目配りしながら、位置づけ直すことができます。実際、病院での障害者の受診拒否が問題になるとき、実は医療には肯定的な機能があるということが前提となっています。個人が機器の使用や訓練などによって「できる」ようになることについても、障害者の生活の幅を広げることはありえます。障害社会学は、社会モデル対医学モデル（個人モデル）という対立にとらわれずに、ただしそこで議論されたこと（たとえば障害の社会的側面や、医師・専門家の位置づけなど）に対する問題関心は保持したまま、障害者の生活を幅広く扱うことができます。

さらに障害社会学は、障害という現象に関わっている様々な人が、その現象をどのように説明し、意味づけているのかに着目することを可能にします。障害者の社会生活が困難となる原因について、医学モデルは障害者の体の「問題」に、社会モデルは社会の側の妨げ（障壁）に求めてきました。しかし障害現象に意味を与えたり説明したりしているのは、医師や医学研究者、運動家・社会科学研究者・社会モデルに傾倒した障害者だけに限られません。多様な考え方を持った「障害者」本人や、家族や友人、障害者の手助けをする介助者、福祉関係者、教員、同僚や上司などの関係者、さらには、障害者と直接には交流を持っていない一般市民など、様々な人々が障害という現象に意味を与えています。障害社会学は、こうした多様な人々の意味づけに重要性を認めた上で、障害という現象を探求することができます。

これらからも分かるように、障害の社会モデルは、障害に関する知の終着点ではありません。障害についての知的探求は、社会モデルを

越えていくはずです。障害社会学はそうした展開を担うことができる学問領域です。それでは具体的に，障害社会学にはどのような研究が含まれるのでしょうか。本書の各章は，主に社会学を専門とする研究者による，障害社会学の具体例となっています。それらをお読みいただく中で，障害社会学とは何であり，どのような可能性があるのかを感じ，考えていただければ幸いです。

2 本書の読み方・使い方

本書には，様々な人の経験が盛り込まれています。各章の著者が，インタビューをしたり過去の資料を調べたりしながら，身体をめぐる生きづらさについての経験を集めてきました。そうした経験を知ることができるというだけでも，十分価値があると思います。

それとともに，起きている状況を整理する社会学者の視点も含まれています。本書は社会学の本ですから，ただの手記ではないわけです。各章は，様々な考え方を持った様々な当事者が関わる状況を，そこから微妙な距離を取りながら，学問的にとらえ直そうとしています。読者の皆様は，そうした社会学の知見から，新たな発想を得られるかもしれません。

本書は様々な読み方をしていただけます。編者として，皆様のご関心に合わせた読み方をしていただければと思います。体をめぐる生きづらさを抱えた方やご家族，そして一般読者の皆様は，各章に描かれている，本人・関係者の様々な経験を中心にお読みいただければと思います。同じ体の状態は本書に含まれていないかもしれませんが，置かれた状況やそこでの考え方を比べることで発見があるかもしれません。ご興味を持たれた章からお読みいただければ結構です。

障害者支援の関係者の皆様には，これまでの支援を障害者本人や周囲の人がどのように受け止めているのかについて知るためにご活用いただけると思います。その際社会学者による整理が，これまでの障害

者支援の常識を新しい角度から見直すのに役立つかもしれません。

　大学の先生方（支援関係の学科も含みます）には，この本を課題の素材として使っていただければと思います。本書は学術書であると共に，調査論文を多く含んでいますので，それをきっかけに学生に考えてもらうことができます。

　本書を通読されたい方，研究者の方は，最初から順番にお読みいただければと思います。各章は独立ですが，障害社会学の奥行きや広がりが分かるように，編者なりに順番を工夫したつもりです。そしてできれば総論に当たる第7章もご覧いただければと思います。もしも各章を通してお読みになって，これまでとどこが違うのかという疑問を持たれたのであれば，総論がその疑問にお答えします。もちろん，答えになっているかどうかは皆様の評価に委ねるほかはありませんが。

　皆様にとって本書が何らかの気付きのきっかけになれば幸いです。

3　各章紹介

　この節では，各章の内容をご紹介します。とはいっても，忠実な要約というよりは，編者の観点からの紹介になっています。読者の皆様には，ぜひ各章を直接読んでいただければと思います。なお総論に当たる第7章については，この「まえがき」の初めでご説明したことと重なるので省略します。

　第1章「「女性に髪の毛がないこと」とは，どのような「障害」なのか──スキンヘッドで生活する脱毛症の女性を事例として」（吉村さやか）は，重度の円形脱毛症により髪を失ったある女性が，どのような困難を経験してきたか，そうした困難にどのように対処してきたかを描き出しています。その女性は，最終的には髪がないことを公表し，スキンヘッドで啓発活動をおこなっています。現在はスキンヘッドで社会生活を送れているものの，発症から現在に至るまでのライフコースのある時期には，発症後の時間経過や育児などの兼ね合いで，

スキンヘッドでの生活を選ぶことが難しい時期がありました。その背景には，特に女性がスキンヘッドで暮らすことを難しくする社会があると考えられます。本章は彼女が生活者として経験した生きづらさを，彼女のライフコースに即して描いています。

こうした生きづらさについての研究が「障害社会学」としておこなわれることに大きな意義があります。髪がないことは障害とは別の見た目差別であると主張することもできますし，その可能性を当事者の選択肢として開いておくことは大切です。ただ他方では，障害問題の側で，「できない」ことを中心とする障害観を見直すことも重要な作業だと思います。本章は全体として，そうした障害観の問い直しをおこなっていると読むことができます。

第2章「発達障害を捉えなおす」（浦野茂）は，発達障害を持つ高校生への社会生活技能訓練（SST）を取り上げ，そこで高校生と支援関係者が人間関係のトラブルにどのような意味を与えたかを検討しています。アスペルガー症候群や広汎性発達障害といった診断（こうした診断名は時代とともに変化するようですが）を受けたこの高校生たちは，周囲とトラブルを起こすつもりがなくてもトラブルになってしまうというように，周囲との関係で困難を抱えてきました。そうした困難を，SSTでは高校生自身の社会生活のスキルの不足によるものとして把握し，それを高めることを目指します。しかしSSTの中で高校生自身は，こうした困難について周囲の理解の不足によるものとして語るようになります。本章はこうしたSSTの意図せざる結果を社会学の観点から記述しています。

本章が描き出しているのは，発達障害という診断を受けることの両義性です。人の行動様式や考え方の多様性の一部を切り取って，発達障害と名付け，医学的管理のもとに置くことには，批判的な見方もあります。しかし他方で，そうした診断に立脚することで，高校生たちは自分の振る舞いやものの見方を，他人が理解すべきものとして考え直せるようになりました。また，そうした再考のために，やはり発達

障害という診断を前提とするSSTの場が活用されました。このように、発達障害という診断は様々な意味を持ちうるものであり、それは診断して支援をおこなっていく医療・支援関係者の見方にも、診断という営みを告発する見方にも回収されない側面を持っています。障害社会学はそうした多義性を探求するために大いに力を発揮すると考えられます。

第3章「障害社会学の立場からの障害者スポーツ研究の試み——「非障害者スポーツとしての障害者スポーツ」」（樫田美雄）は、障害者もできるように変更を加えたスポーツ（アダプテッド・スポーツ）を超える障害者スポーツの可能性を探求しています。ここでは、盲人卓球・車椅子バスケットボール・障害者水泳が取り上げられています。これらのスポーツは、障害者〈でもできる〉といったような、健常者スポーツを少し変更しただけのものではないと本章は指摘しています。たとえば盲人卓球では、双方がアイマスクをして音を頼りに卓球をしますが、サーブの際の声掛けが駆け引き材料になるなど、独自の面白さが出てくるといいます。こうした独自の面白さを持ったスポーツを障害者スポーツの中心として見ていこうと本章は提案します。

本章では、そうした障害者スポーツに参加する人々が、参加者の身体的条件や、その競技の中で起こる様々な事柄について、どのように意味づけしているかに注目しています。これらの競技の中では、アイマスクをすることで目の見え方の違いを無意味化したり、普通は重度障害と考えられている状態がかえって持ち点制の中でプラスの価値を持ったりします。また先ほどのサーブの例のように、競技のルールなども固有の意味を持ってきます。そうした意味づけに焦点を当てるために、社会学が有効に用いられていると言えます。

第4章「何が知的障害者と親を離れ難くするのか——障害者総合支援法以降における高齢期知的障害者家族」（染谷莉奈子）は、知的障害者が親元を出ても暮らせるようにある程度制度が整ってきたにもかかわらず、実際には親元で暮らしている人が多いのはなぜかについて

考察しています。この章は、障害者の自立生活という、より大きなテーマと結びついています。自立生活とは、障害者が〈地域〉に出て、自分が生きたいように生きる暮らし方のことです。ここで〈地域〉というのは、特に欧米では〈施設〉の外にあるコミュニティのことでした。介助が必要な障害者が一ヵ所に集められて生活を送る入所施設は、外部との行き来が制限されたり、生活に自由がないなど、様々な問題が指摘されました。そのため、障害者が施設から出て、自由に生活できるようにすることが目指されました。これが自立生活です。しかし特に日本では、障害者が施設から出ること（脱施設）だけでなく、親元から出ること（脱家族）も重視されました。日本の場合（日本が特殊かどうかはとりあえずおいておきます）、介助やその他支援が必要な障害者の多くが、親・家族からケアを受けながら過ごしていました。しかし親元も障害者が生きたいように生きられる場では必ずしもなく、さらに障害者を抱え込み、外からの援助も得られない家族が孤立・疲弊し、障害児・者を巻き込んだ無理心中をしてしまうというような悲劇も起きました。そのため、特に日本の自立生活運動では、親元から出て地域で暮らせるようにすることが目指されました。ただ依然として、多くの障害者が親元で暮らしています。

　それではなぜ日本では多くの障害者が親元で生活する傾向にあるのでしょうか。この点について、〈規範〉による説明がされてきました。障害者の介助などを家族が担うべきであるという価値観や慣行が囲い込みの背景にあるという説明です。確かにこれはこれで社会学的説明ではありますが、何でも「規範のせいだ」と言えてしまう分、説明としては精度が低いと考えられます。

　本章は、依然として非常に多くの知的障害者が親元で暮らしている状況を、単に規範で説明するのではなく、より具体的で詳細に検証した点で有意義だと言えます。たとえば、知的障害児・者の意を汲んだり信頼を得たりするのに、長期間の関わりが必要であり、他人にすぐに代わることができないなどの事情が、脱家族を難しくしていること

が指摘されています。こうしてこの文章からは，知的障害者家族がどのような現実を生きているのかをうかがい知ることができます。そうした論考は，サービス拡充と並行して何が必要かを直接示すものではありませんが，考えるきっかけとして大変重要であると思います。

第5章「蝙蝠を生きる——進行する障害における能力と自己の肯定」（石島健太郎）では，ALS（筋萎縮性側索硬化症）という難病が進行して，以前できていたことができなくなる状況を，本人や関係者がどのように受け止めるのかについて描いています。本章の中で取り上げられているALSの進行の例としては，歩いたり，口で話したりすることが難しくなる事例が含まれています。まず，障害の進行という状況を正面から扱うことは，障害の社会モデル以降の課題として大変重要です。障害の社会モデルは，障害者の体の「問題」と，障害者を取り巻く社会の問題とを分け，後者に焦点を当てました。体の「問題」をカッコにくくってしまったということは，体の状態の変化が持つ意味を正面から論じることは難しくなります。これに対して本章は，社会学にもとづいて，障害の進行を本人や周囲の人々がどのように捉えているのかを考察した，貴重な論考だと言えます。

それでは，以前できていたことができなくなっていくことは，どう受け止められているのでしょうか。何もできなくなってもかまわないというのであれば，障害の進行はさほど重大な意味は持ちません。しかし本章に描かれているのは，「できること」の手放しにくさです。日常生活の中で，私たちの多くは，自分にできることを駆使して生活を成り立たせています。仮にあることができなくなり（たとえば口で話せた人が話せなくなり），そのことを諦められたとしても，今度は別の「できること」に頼るということがありえます（本章の事例では，口やまぶたによる「口文字」という方法でのコミュニケーション）。そこで，口文字によるコミュニケーションを口で話すことと同様に価値があることだとすれば良いように見えます。この辺りまでは，従来障害文化とか文化モデルといわれてきた考え方と重なる発想と言えます。

つまり，健常者とは違うやり方にも価値を認めようというのです。

しかしさらなる障害の進行により，口文字もできなくなった場合どうなるのでしょうか。ここまで来たとき，文化モデルの限界が明らかになります。口文字ができることは良いことだという価値観を立てると，障害の進行により口文字ができなくなったときに自分の「できなさ」を否定的に捉えることになってしまいます。本章はそうした問題があることを明らかにし，社会モデルのみならず文化モデルの限界をも指摘しています。

第6章「〈気詰まり〉を生きる吃音者——言語障害と相互行為儀礼」（渡辺克典）は，言葉をなめらかに話せない「吃音」がもたらす気詰まりを，社会学者アーヴィング・ゴフマンの理論と結びつけて考察しています。ゴフマンが明らかにしたことは，人と人が出会い直接関わる場面（相互行為場面）には暗黙の社会的なルールがあるということでした。そのルールは，相互行為場面にいる人同士が，お互いに社会を生きる「人格」として尊重していることを示すためのものです。相互行為場面の様々なふるまい（もともと意図を伴っていなかったような身体動作を含めて）には，そうしたルールの観点から意味づけがされます。これは吃音にも当てはまります。相互行為場面では，吃音という意図せざる身体の挙動に対しても，暗黙のルール違反として，言い換えれば相手（および自分）の人格を尊重しそこねた状態として，社会的意味が与えられてしまいます。吃音者が他の人と話をするときに感じる気詰まりは，こうして暗黙の社会的ルールとの関係で考えることができます。

本章はさらに，このルールに付随する暗黙の期待について，ゴフマン社会学の知見を活かして考察しています。まず，万が一相互行為のルールを破ってしまった場合には，言い訳や謝罪によって，ルール違反状態を修復することが求められています。ところが，吃音者にとってこれはさらなる気詰まりのもととなります。名前も言いそこねてしまった場合に，うまく言い訳をすることは難しいとか，謝罪を言葉と

して発するのが難しい場合があるといったように、言い訳や謝罪にも一定の条件や能力が必要だからです。また相互行為場面にいる人々には、あらかじめルール違反を起こさないように努めることが期待されます。吃音者も、言いにくい言葉を言い換えるなどの工夫をしますが、場合によってはそもそも相互行為場面から退却することで、つまり会わない、話さないことで、あらかじめ気詰まりを避けようとすることも起きてしまいます。こうして本章は、吃音に伴う気詰まりを社会的ルール違反として捉え直すだけではなく、その違反を修復したり避けたりしようとしたときに生じる更なる困難をも描写しています。その上で、そうした困難が生じる背景としての社会的な期待を細かく見ていこうとするところに本章の特長があります。

　以上が各章の紹介です。読者の皆様には、各章をご覧になる中で、障害社会学の考え方や使い方に触れていただければ幸甚です。

目　次

まえがき

榊原賢二郎

1　「障害社会学」がめざすこと……………………………………ⅰ
2　本書の読み方・使い方……………………………………………ⅴ
3　各章紹介……………………………………………………………ⅵ

1章 「女性に髪の毛がないこと」とは，どのような「障害」なのか

—— スキンヘッドで生活する脱毛症の女性を事例として

吉村さやか

1　はじめに……………………………………………………………2
2　方法…………………………………………………………………6
　(1) 調査の概要　6
　(2) 分析の対象　6
3　事例の検討 —— 発症から現在に至るまで……………………7
　(1) 発症当時　7
　(2) かつらの着用と治療の開始　9
　(3) 治療をやめた契機　11
　(4) かつらの着用をやめた契機　13
4　考察………………………………………………………………20
　(1) 「隠す生活」から「隠さない生活」へ —— 由利子さんの4つの生活実践　20
　(2) 「スキンヘッド生活」という対処戦略　25
5　おわりに —— 「女性に髪の毛がないこと」と「障害」……33

2章 発達障害を捉えなおす

—— 制度的支援の場における当事者の実践

浦野　茂

1　問題の所在………………………………………………………38
2　事例について……………………………………………………42

3　困難の語りを導き出す……………………………………43
　4　練習の資源としての物語…………………………………47
　5　すれ違いを誤解として捉え返す…………………………51
　6　理解を要求する……………………………………………53
　7　発達障害者を捉えなおす…………………………………57

3章 障害社会学の立場からの障害者スポーツ研究の試み
──「非障害者スポーツとしての障害者スポーツ」

樫田美雄

1　はじめに………………………………………………………65
　(1) 第3章のねらい　65
　(2) 議論の構図　67
2　「障害者スポーツ」の3種と「非障害者スポーツ
　としての障害者スポーツ」…………………………………68
　(1)「障害者スポーツ」の3種　68
　(2)「非障害者スポーツ」とは障害者の障害を無効化した新スポーツである　71
3　「非障害者スポーツとしての障害者スポーツ」の発見は
　障害研究の未来をどう開くのか……………………………74
　(1)「障害者研究」の現況を社会構築主義論争史から理解する　74
　(2) 〈障害学的理想未来〉の達成としての〈障害者スポーツ〉　75
　(3) 〈障害者スポーツ〉における〈障害学的理想未来〉の達成の多経路性　76
　(4)「障害者スポーツ2」と「障害者スポーツ3」の関連性／連続性　79
4　おわりに──〈障害者スポーツ〉研究から障害社会学を考
　える……………………………………………………………80

4章 何が知的障害者と親を離れ難くするのか

—— 障害者総合支援法以降における高齢期知的障害者家族

染谷莉奈子

1　はじめに……………………………………………88
2　知的障害者の自立に関する制度論的視角…………90
3　障害者家族研究の現在………………………………92
4　調査の概要……………………………………………93
5　分析・考察・結論……………………………………95
　(1)　「言わない」子の意を汲む母親と子のコミュニケーション　95
　(2)　他者によって築かされる母親の"離れ難さ"　97
　(3)　子の"こだわり"によって形成される母親の"離れ難さ"　104
　(4)　母親による"ケアの社会化をめぐる駆け引き"　106
6　今後の課題…………………………………………108
7　おわりに……………………………………………109

5章 蝙蝠を生きる

—— 進行する障害における能力と自己の肯定

石島健太郎

1　問題の所在…………………………………………115
2　健常性をめぐる既存の議論………………………116
　(1)　価値の転換による全体の肯定　116
　(2)　価値の密輸入　119
3　問題が問題となるとき —— 経験的事例の選択……121
4　事例の検討…………………………………………124
　(1)　進行による困難　124
　(2)　自身を肯定するために能力の良さを前提する　127
5　結論…………………………………………………131

6章 〈気詰まり〉を生きる吃音者
—— 言語障害と相互行為儀礼

渡辺克典

1 はじめに……………………………………………136
2 会話の〈気詰まり〉と吃音症状……………………137
3 相互行為儀礼………………………………………141
4 吃音者と相行為儀礼………………………………143
   (1) 修復的交換　143
   (2) 補助的交換　145
5 まとめ………………………………………………148

7章 障害社会学と障害学

榊原賢二郎

1 はじめに……………………………………………152
2 障害の連字符社会学………………………………153
3 障害学という学問領域……………………………155
4 障害学から見た社会学……………………………165
5 構築主義の深化と OG 問題………………………173
6 反省可能性と反省過程……………………………180
7 障害学と社会モデルへの社会学的反省……………190

あとがき　203
索引（人名　207／事項　209）

装幀　＊　荒川伸生

1章
「女性に髪の毛がないこと」とは，どのような「障害」なのか
―― スキンヘッドで生活する脱毛症の女性を事例として

吉村さやか

　<u>《女の子は髪がなければ女の子ではありえない》</u>という信念は極端に聞こえるかもしれないし，また実際極端でもあるだろう。<u>しかし確かなのは，男性に対してこういうことがいわれることはありえないということである</u>。男たちのジェンダー・アイデンティティは，それほど頭髪とは関連性がないのがふつうであり，むしろ男らしさのシンボルとしての顔の毛（あごひげや口ひげ）や胸毛に大きく依存しているようなのだ。したがって男性にとっては頭髪と体毛は対照的なものであり，女性の規範とあべこべなのである―― 女性にとって顔の毛や胸毛は「不要」なのが当たり前なのだが，すでに見てきたように，<u>頭髪は女らしさの文化的定義の一部なのである</u>。
　　　　　　　アンソニー・シノット（1993＝1997: 182-3, 下線筆者）

　<u>スティグマのシンボルとは，アイデンティティを損ない貶めるような不整合，つまりそれがなければ整合した全体像となるものにひびをいれるような異常，に注意を惹きつけるようにとくにつよく働き，その結果その個人に対してわれわれが低い評価を与えることになるような記号のことである</u>。第二次世界大戦中に敵国［ナチス・ドイツ］に協力した［フランスの］女性たちの剃られた頭がその一例なら，中流階級のように振舞いそのような衣装を身につけた人が繰返し言葉を不正確に使い，たえず間違った発音をするときの常習的語法違反もまたその例である。
　　　　　　　アーヴィング・ゴフマン（1963＝2001: 82-3, 下線筆者）

1 はじめに

　本稿では，髪の毛がない女性の身体をめぐる「生きづらさ」に焦点を当てている。既存研究において，女性にとって髪の毛はジェンダー・アイデンティティのシンボル（記号／表象）であり，したがって女性に髪の毛がないことはスティグマのシンボルとみなされやすく，それを隠さないことはタブー視されるといわれてきた（Goffman 1963＝2001; Synnott 1993＝1997; Weitz 2005; Hoffman 2006; Riley 2009）。

　日本においても同様であり，たとえば男性の「ハゲ」をジェンダーの視点から論じた須長史生は，女性に対する「"ハゲ"のラベルは成人男性のそれよりはるかに強烈で」，「それゆえ，彼らのハゲ経験もより深刻なものとなっている」と，その経験の語りづらさを「推測」して，調査の対象から女性を外している（須長 1999: 26）。

　この点についてジャーナリストの石井政之は，先の須長の記述をひきながら，「須長の研究の関心が〈男性性〉にあることから肯けるが，それだけでなく，女性や子供へのインタビューの困難さも，男性に限った理由であるようだ」（石井 2001: 100）と，その経験の聞きづらさを指摘する。さらに，重度の円形脱毛症によってスキンヘッドになった女性へのインタビューを通して，当該女性の置かれた状況を次のように報告している。

　　頭の毛がないだけでは，五体満足であり，生死に直接関係がない。だからその心痛は軽視されてきた。
　　男性のハゲは語られても，女性のハゲを語ることはまだタブーである（石井 2001: 108）。

　　男性ならスキンヘッドにするという選択肢もあるだろう。
　　女性がスキンヘッドで日常を送り，普通の仕事に就くことはまず不

可能だ。

彼女たちはカツラを身にまとい，息を殺して生きている（石井 2001: 120）。

　以上をふまえて本稿で注目したいのは，「大阪の夏はウィッグに適してない」「暑いねん」という理由で，髪の毛がないままの姿（まだら頭・たまに剃ってスキンヘッド）で生活している女性の事例である。

　彼女は29歳のときに発症した円形脱毛症によって，髪の毛をすべて失ったという経験をもつ。発症してからのおよそ15年間はかつらを使用していたが，2011年以降はかつらなしで社会生活を送っている。かつらの使用をやめたのとほぼ同時期に，「円形脱毛症を考える会」（現・NPO法人「円形脱毛症の患者会」。以下本文中では，会の通称の「ひとりがもの会」と略記[1]）の副会長に就任し，後述する「見た目問題」の解決を目指したNPO法人「マイフェイス・マイスタイル」（以下，MFMSと略記）にも参加しながら，「実名・顔出し」ができる数少ない当事者の一人として啓発活動に携わっている。

図1　相本由利子さん（実名・1960年代生）
　写真は本人の許可を得て掲載している。

啓発活動をおこなう理由について，インタビューで彼女は，「おおげさに言えば，女性にも禿げる権利が欲しい」と次のように語った。[2]

　　由：おおげさに言えば，女性にも禿げる権利が欲しい。
　　＊：あーなるほど，そうかそうか。
　　由：男性には堂々と禿げる権利があるやん。たとえば60歳，70歳になったら，みんなここ［額を指さしながら］が後退してきたら，バーコードにしたり，好きな髪型にしたり，かつらをかぶりたい人はかぶってるかもしれないけど，男の人はある程度，加齢……若い人でもそうだけど，堂々と禿げれるやん。それを笑い者にする人もおるし，自分で自虐的にする人もおるし，いろんな……でも，女の人は何歳になっても禿げれないんだよ，いまの世の中。(中略) おしゃれウィッグどんどんやってるじゃんいま，コマーシャルも。で，みんな買うんだわ，少しでも薄くなってきたら。
　　＊：あー薄いのもだめなんですよね。隠さなきゃいけないものだってなってる。
　　由：そうー。薄くなったら薄くなったで良かったんよー。いまの人ってさー，すごくさー，それでもきれいでいなくちゃいけないしー，ふさふさなわけないやん，そんなー。
　　＊：うんうん，ありえないですよね。
　　由：ありえないよー。でもさあ，世の中アンチエイジングだしー，あんな便利な乗っけるもん［加齢による薄毛や脱毛のための部分かつら］とかできてるから（笑）(中略) あんなに需要があるっていうことは…何歳になっても女の人は禿げれない……だから禿げる権利が欲しい，おおげさに言えば。
　　(1回目のインタビュー・TS集43頁11行目〜44頁11行目)

　脱毛症で髪の毛を失った女性の経験に関する海外の社会学的研究では，由利子さんのようにかつらを着用しないで生活している女性たちも登場する。だが彼女たちは，パンクファッション愛好者であったり，

レズビアンであるなど,ある種「ふつうではない女性」という側面が強調されてきた(Weitz 2005; Riley 2009)。

他方国内でも,「この病気を広く正しく知ってほしい」とかつらを外し,髪の毛がない姿を「さらす」女性はいるが,それは啓発活動の場面だけで,普段はかつらをかぶって社会生活を送っている。彼女にとって「さらす」という実践は,啓発のためだけでなく,セルフヘルプ・グループの活動をうまく利用しながら,脱毛症特有のカミングアウトの「面倒さ」を回避し,当事者である彼女自身がより楽に生きるための対処戦略となっている(吉村 2015)。

「女性にも禿げる権利が欲しい」と啓発に携わっている点をふまえれば,由利子さんもセルフヘルプ・グループの活動をうまく利用している女性として描けるのかもしれない。しかし彼女の事例で特徴的なのは,啓発活動の場面だけでなく,普段もかつらを使用せず,髪の毛がないままの姿で社会生活を送っている点である。

既存研究では,女性に髪の毛がないことはタブーであり,それは隠さないと排除や差別の対象になるといわれてきた。ところが由利子さんの場合は,髪の毛がないままの姿でも一人の女性として社会に包摂されることができている。彼女はどのようにしてそれを可能としているのだろうか。

本稿ではこの問いに答えることを目的に,彼女のこれまでの経験を「障害社会学」(本書 7 章)の視点から検討する。つまり本章は,ジェンダー・アイデンティティのシンボルとされる髪の毛を失った女性の経験を一種の「障害」として捉え,その経験を社会学的に分析するわけである。追って述べるように,女性に髪の毛がないことと,そうした女性が経験する社会的困難の関わりを考えれば,こうした観点をとることは特におかしなことではない。

詳しくは本書まえがきならびに第 7 章を参照されたいが,これまでの障害学において,障害とは,身体の一部の欠損(インペアメント)ではなく,それに伴う社会的障壁(ディスアビリティ)であるといわ

れてきた。このような障害の社会モデルの視点で捉えれば、髪の毛がない女性にとっての障害とは、髪の毛が失われたままの身体状態で社会参加したときに遭遇しうる社会的障壁となる。

しかしながら由利子さんは、「髪の毛がなくても今はまったく問題がない」と語り、髪の毛がないままの状態であっても、現在は社会的障壁に遭遇することなく社会参加できているという。それでは、女性に髪の毛がないこととは、一体どのような「障害」なのだろうか。以下ではこの点を明らかにしたい。

2　方法

(1) 調査の概要

本調査は、脱毛症で髪の毛を失った人びとの生活史の聞き取りを目的に、2012年以降現在まで、筆者が継続しておこなっている調査の一環である。彼／彼女たちは、生まれつき髪の毛がほとんど生えてこない（先天性脱毛症・乏毛症）、あるいはある日突然始まった脱毛によって（円形脱毛症）、まだら頭やスキンヘッドになったという経験をもつ。ひどりがもの会の活動を通して出会った人びとを中心に調査協力者を募り、これまでに当事者とその家族およそ70名（当事者女性40名・男性20名・家族10名）に協力を得た。

(2) 分析の対象

本稿で事例の検討をおこなう相本由利子さんとは、2013年にひどりがもの会の活動を通して知り合った。彼女は現在、夫と息子とともに大阪で暮らしている。

次節ではまず、調査データを横断的に用いながら由利子さんのライフストーリーを再構成し、彼女がどのような過程を経て、かつらの着用をやめるという選択に至ったのか、そのプロセスを検討していく。

主な資料として用いるのは、2014年4月から2017年1月にかけ

て，由利子さん，夫，息子に対してそれぞれ個別におこなったインタビュー・データである[3]。また，年に4～5回，ひどりがもの会が発行している会報『このゆびとまれ』に彼女が寄稿しているコラム（相本 2003; 2010a; 2010b）と連載記事（「ユリの関西はんなり通信」2011 年 7 月～2017 年 9 月，全 33 回）も補足資料として参照したい。その際，どの資料に基づく記述かは適宜明示する。

3　事例の検討 ── 発症から現在に至るまで

(1)　発症当時

　由利子さんが円形脱毛症を発症したのは，結婚 4 年目の 29 歳のときだった。ある日突然，500 円玉くらいの円形脱毛が「ぽこっと」できた。すぐに近所の病院にかけこんだが，医師からは「気にせんでいい」「気にしとらんかったら，すぐに治るから」と診断された。診断の通り，その後すぐに治った。

　そのことをすっかり忘れて生活していた矢先，また「ぽこっと」円形脱毛ができた。このときは，前回と同じように気にしなければすぐに治るだろうと病院には行かなかった。しかしその後，脱毛は「ぽこぽこぽこぽこ」と増えていき，発症後およそ 2 か月半で，髪の毛は「ずるっと」すべて抜け落ちた。発症当時は何が起こっているのかわからず，毎日が「恐怖」だったが，「病気」という認識はなく，「あまりにも急激に抜けたから，急に生えるやろ」と思っていた。

　一方，由利子さんの発症の過程を側で見ていた夫も，円形脱毛症で髪の毛が「全部抜けることなんてありえない」「すぐに治るだろう」と思っていた。それが，いまの彼女は「覚えていない」という次のような出来事をきっかけに，「これはやばい」と思い始める。

　　夫：それで，治るどころか，だんだんだんだんと広がっていってですね。で，あるとき風呂場から……夏場だったんで，彼女がシ

ャワーを浴びてたんですよね。ちょっと悲鳴のような声を聞いて，どうしたのかなと思って行ったら，ぐさっとこう［手の平いっぱいに髪の毛が］抜けて……彼女はそのことを覚えてないっていうんですけどね，いまは。
＊：へぇー。
夫：僕に見せるわけです，こうやって。で，これはやばいと思ったわけですね。とりあえずそのとき［の彼女］はもうショックで，なんも口をきかなかったですね。それから一週間くらいうつろな状態になってしまいまして，食欲もなくなって。
　　　　　　　　（1回目のインタビュー・TS集6頁19～30行目）

　夫は，日に日に「うつろな状態」になっていく妻を前に，慌てふためくばかりだった。なんとか脱毛を止める方法を調べようと思っても，当時はいまほどインターネットが普及しておらず，また「そうそう簡単に人に聞ける話」でもなかった。そこで夫は，「ちょっと相談しやすい」「髪の薄い」男性の友達に話を聞き，発毛や育毛に効くという高いシャンプーや利尻昆布を買い込んだり，外国産の「カラフルなタブレットみたいなもの」を何十箱も取り寄せた。

　発症当時，由利子さんは離れて暮らしていた実の両親にも，円形脱毛症を発症したと電話で伝えていた。しかし，その話を聞くや否や「お百度参りを始めた」母親には，「心配をかけたくない」という思いから，相談することはおろか，どんどん悪化しているとは伝えられなかった。発症前は頻繁に行っていた夫の実家には，「髪の毛が抜けているという事実だけ」を夫が伝え，「あんまりおいでとかしばらく言わんといて」と話していた。それでも「たまには顔を見せないと」ということで，由利子さんは自宅に置いて夫と息子だけで帰省したり，息子だけを「送り込んだり」していた。

　発症前の彼女は，友人たちとよく飲みに出かけたりもしていたが，当時は「とてもじゃないけど」「本当のことが言えず」，なにかと理由をつけて会わなくなっていく。次第に日常の買い物に行くことすらま

まならなくなり，自宅近くのスーパーにも「閉店間際に，なんかこう悪いことする人みたいに」「帽子を深くかぶって，こそこそ」と行き，「速攻で」家に戻っていた。自宅にひきこもって，利尻昆布やタブレットを「悶々と」ひたすら食べ続けながら日々を送るようになる。

(2) かつらの着用と治療の開始

　そのような生活が半年ほど続いた頃，由利子さんの弟の結婚式に出席しなければならないという事態が起こる。彼女と夫は，「この頭じゃ行けない」ということで，とりあえず「すっぽりかぶる感じのちょっと高めのおしゃれな帽子」を買いに一緒にデパートへ向かった。当時は女性用のファッション・ウィッグ（＝おしゃれ用かつら）がほとんど普及しておらず，また，かつらといえばもっぱら男性用かお笑いで使われるものというイメージが強かったため，彼女にも夫にも「かつらっていう発想がなかった」。

　ところが，帽子を買いに行ったはいいが試着ができない。いまでは人前で帽子を脱ぐことができるが，「当時は［帽子を］一回かぶったらもう取れない」。そこで売り場にいた年配の女性店員に，帽子を「取れないんです」と話した。すると店員はすぐに別室を用意してくれ，「どうぞご試着ください，外で待っています」と対応してくれた。

　一方夫は，彼女が帽子の試着をしている間に，その店員から「ほそっと，ちょっとやばいんちゃいます？」「かつらのほうがいいんちゃいます？」と言われていた。そこで夫は，「あ，かつら！と初めて思いつ」き，早速，大手かつらメーカーに電話をかけた。電話で事情を話したところ，重度の円形脱毛症でかつらを使っている人も多いと聞き，およそ60万円するオーダーメイドのかつらを注文した。

　当初の由利子さんは，「かつらなんていやや」と着用を拒んでいた。かつらといえば，「すぐにわかってしまうイメージ」があったからである。それが，実際にできあがったかつらを手にすると，「全然わからへん代物で驚いた」。

結局，かつらができあがるまでには時間を要し，結婚式には間に合わず，式にはデパートで購入した帽子で「すっぽり」隠して出席したのだが，ちょうどその頃，以前勤務していた職場からアルバイトの誘いを受けたことをきっかけに，彼女はかつらを着用して外出するようになる。

　夫は，それまで家で「悶々と」していた彼女が次第に「明るくなって」いったのはアルバイトに通い出してからだといい，かつらができあがったタイミングでアルバイトの誘いを受けたことは「渡りに舟だった」と語る。アルバイト先で友達もでき，発症前のように飲みに出歩くようにもなった。

　しかし当時は，髪の毛がなく，かつらを着用していることは「人には言えないこと」「恥ずかしいこと」「バレてはいけないこと」と思い，由利子さんも夫も，それぞれの両親以外には話していなかった。

　彼女は当時について，「カツラができあがってきても私の心は晴れやかになりませんでした」（相本 2017: 18）と，次のように回顧している。

　　今でこそカツラはファッションウィッグと名前を変えて市民権を得ていますが，当時は「どうしても隠さなければならないもの」の代名詞でした。オーダーメイドで作るので一つ作るのに2か月も待たねばならず，価格も60万円以上かかったと思います。おまけにカツラメーカーの人いわく，毎日皮膚に接触しているものなので，2, 3年で買い替える必要がある。できればカツラにも休みの日を作ることが望ましいとのことで，一度に2つ購入しました。120万円。1円も保険適用されませんでした。義手や義足には保険が適用されるのに義髪には適用にならないのです。（中略）
　　カツラをかぶると，それを周囲の人に悟られてはなりません。少しでもずれていないか気にするあまりとても肩が凝りました。風の強い日や日差しの強い夏などはカツラには大敵です。両面テープでいくら留めても脱げる心配はいつもつきまといますし，夏場，外に

いると頭皮とカツラの中が蒸れて、この上なく不快なものです。そして、それまでできていたことができなくなったことがいくつかありました。銭湯に行くこと、温泉に行くこと、激しいスポーツをすること、遊園地で絶叫マシンに乗ること、美容院の話題についていくこと、髪を束ねてアップにすることなどです。後に円形脱毛症を考える会［ひとりがもの会］に出会い、多くの友人やカツラメーカーの美容院さんたちに話を聞いて、そのうちのいくつかはクリアできたのですが、それはまだずっと先の話です。とにかく、今まで何も気にせずできていたことができなくなるということは辛い経験でした（相本 2017: 18-9）。

当時の由利子さんは、なんとか民間療法で治そうとしていたのだが、かつらの着用にともなう問題を解消させたいという思いから、かつらを使い始めたのとほぼ同時期に病院での治療を開始する。東京都内にある脱毛症の専門外来にも、「生えるんやったらなんぼでも通うよ」という思いで、月に1回日帰りの新幹線で通院していた。それからしばらくは、かつらをかぶってアルバイト勤務をしながら、治療に励む日々が続いていく。

(3) 治療をやめた契機

そのような彼女にとって、治療を一時やめる契機となったのは妊娠したことだった。発症4年後のことである。当時はステロイド系の薬を服用していたのだが、胎児への影響を考えて、「妊娠中は治療をやめよう」「出産して落ち着いたらまた治療を再開しよう」と、夫と相談して決めた。

出産時に入院した病院では、「最初からちゃんと、看護師さんとお部屋の掃除してくれる人に、私はこういう病気でかつらなんです」と話していた。「じゃあ分娩のときは外してもらったほうが、汗とかかきますしねぇ」と言ってもらい、分娩時はかつらの代わりにバンダナを巻いて出産した。知り合いの当事者のなかには、髪が乱れて「サイ

バルのように」なりながらも絶対にかつらは外さないと，かつらをかぶったままで出産した女性もいるが，彼女にとっては「下半身丸出し」のほうが「頭よりずっと恥ずかしいこと」で，「そこまできたら腹括ろうや」と思った。

子どもが生まれてからは，何をするにも子どもが優先となり，次第に自分の身に構っていられなくなる。とはいえ，「ちょっとでも生えないかな」という思いは依然とあり，子どもが幼稚園に通っている合間を縫って治療に通っていた。だが，あらゆる治療を試しても効果を得ることはできなかった。治療には痛みやかゆみ，全身の倦怠感などの身体的苦痛をともない，また通院にかかる時間や労力，治療費や交通費もかさみ，なかなか治らないことによる精神的苦痛も生じていた。そこで，同じ病気の人たちがどのように生活しているのかを知りたい，治療やかつらの情報を得たいと思い始める。

患者会の存在はインターネットを通じて前から知っていたが，子どもがまだ小さかったことで，主に東京でおこなわれる会の活動に参加することはできなかった。子どもが3歳になってようやくおむつがとれるようになり，「一晩くらいやったら主人一人でみれるよ」ということで，2000年に開催されたひどりがもの会主催の医療セミナーに初めて参加した。

そこで彼女は，「悩んでいるのは私一人ではなかった」「全国にこんなにもたくさんの仲間がいるのだと気づかされ」，また，会に参加する当事者の多くが治療によって治すのをあきらめていることを知った。さらに，かつらでおしゃれも楽しみながら明るく生活している当事者の女性たちと出会い，さまざまな工夫を凝らすことで，それまでかつらを着用していてはできないと思い，あきらめていたことができるようになる。すると次第に，「治療に使うお金と労力を，どっちかっていうとウィッグとか他のことに回した方が建設的に生きられるかな」と考えるようになった。そこで，治療によって治すことをあきらめ，その後は治療を受けずに，外出するときだけはかつらを着用し，なる

べく髪の毛がないことが露見しないように生活するようになった。

(4) かつらの着用をやめた契機

 それでもかつらを着用して生活する以上,かつらの着用にともなう暑さや蒸れなどの身体的苦痛は物理的に生じており,日々それに耐えなくてはならなかった。また,2,3年に一度買い替えが必要なかつらの購入費は負担となっていた。毎日のかつらの手入れや「お直し」(年に数回,かつらを業者に預けて,部分的に増毛をしたり,トリートメント加工によって絡みやすさを改善させる有料のメンテナンス)も「超ーめんどくさい」「いやでいやで仕方ない」と感じていた。

 そのような彼女にとって,かつらの着用をやめる契機となったのは,2009年に大阪で開催されたMFMS主催のイベントに出席したことだった。MFMSとは,顔や身体に生まれつきあざがあったり,事故や病気による傷,火傷,脱毛,アルビノなど,見た目に症状の出る病気の当事者たちが,その見た目ゆえに日々ぶつかりやすく,抱え込みやすい様々な問題を「見た目問題」と名付け,この問題の解決に向けて,「誰もが自分らしい顔で自分らしい生き方を楽しめる社会の実現」を目指して活動している団体である(外川 2010)。個別に活動している患者会のハブとなってネットワークを構築することも目的としており,MFMS発足の初期から,ひとりがもの会とも連携してきた。

 由利子さんは,MFMSの代表者から「公開イベントを大阪でやるから,脱毛症のパネリストとして出てくれませんか?」という連絡を受けて参加した。公開イベントはメディア取材を受けることになっており,その様子はテレビでも放映されるとのことだった。「実名・顔出し」でメディアに出ることに対して,「子どもも小学6年生になって手も離れてきていた」彼女に「ためらいはなかった」。ただ,「悩んだ」ことがあった。それは,一見してわかる他の症状の当事者と並んだときに,かつらを着用していては,その症状が伝わりにくく,誤解を招くのではないか,という懸念である。

そこで悩んだのが，私の脱毛症でした。ウィッグをかぶってしまえば，ぱっと見たところ，私たちの病気は外からはわかりません。このひとりがもの会のメンバーだけ，あるいは円形脱毛症の人やご家族だけの集まりですと，ウィッグならではの苦労も心置きなく話し合えるのですが，今回は「見た目に問題を抱えている人」という定義なので，どんな方が会場にいらっしゃるかわかりません。
もちろん世間一般で認知されている「円形脱毛症」という言葉が，いわゆる 500 円玉くらいの小さなハゲを連想される方も多いでしょう。それではちょっと困るな……。
　でも，ウィッグをかぶって出席したら「なんだ。ウィッグをかぶれば隠せるような簡単な症状じゃないか」と思われるのもちょっと悔しくて，今回は思い切ってスキンヘッドで出席しました（相本 2010a: 72）。

かつらを外して登壇した理由について，彼女はインタビューでも次のように語っていた。

* ＊：そうそう，なんで［かつらを］外したのかっていうところをお聞きしたかったんです。
* 由：そう，2009 年に，MFMS の公開イベントを大阪でやるって言われて。で，外川さんから，その脱毛症のパネリストで相本さん出てくださいと。会場に来てる人は映しませんけど，テレビとかの取材が入るから顔出し良いですかぁ言われて，良いですよぉ言うて。
* ＊：うんうん。
* 由：それで打ち合わせをして。で，どうもあざの方と……赤あざの方と白あざの方と，アルビノの女性……○○ちゃんが出るって。4 人が登壇するって。
* ＊：うんうん。
* 由：あざ，あざ，アルビノ。全員見たらもう［症状が一見して］わかる。だけど，私がウィッグつけて出ても……画的にちょっと

（笑）
＊：あははは，画的な問題（笑）確かに，画的にわからない（笑）
由：わからない（笑）円形脱毛症っていうたら，みんなこれ［右手の親指と人差し指で輪っかを作るジェスチャー］しか浮かばへんから……インパクトに欠けるなぁ思って（笑）
（1回目のインタビュー・TS集12頁30行目〜13頁23行目）

　彼女が語っているように，このイベントには由利子さんのほかにも，顔にあざやアルビノの当事者もパネリストとして参加していた。彼女が「悩んだ」のは，見た目の症状が比較的わかりやすい他の女性たちと比べると，かつらを着用していては円形脱毛症という病気が「画的に」伝わらないことだった。イベントの様子はテレビで放映され，たくさんの人も集まる。そうであるならば，この病気について広く正しく知ってもらいたい。このような思いから，彼女はかつらを外し，髪の毛がないままの姿で登壇することを決める。

　発症したばかりの頃は，発症の過程を側で見ていた夫以外の前で髪の毛がない姿を見せることに「抵抗」があった。だが，治療や出産の場面を通して「だんだんと慣れてきた」。むしろそのときは発症してからおよそ16年の歳月が経っており，「髪の毛を失ったときのあの喪失感をうまくあの場で表現できたかどうかは，自信がなかった」。また，脱毛症当事者の一人として体験を語ったが，「生まれつき，あるいは物心ついたときには髪の毛がなかったという人とは少し違うかもしれない」という思いもあった。さらに，髪の毛がない姿を公表したはいいが「誤算」もあった。それは，治療をしていなくてもたまに髪の毛がまだらに生えてきて，ある程度の長さになると抜け落ちるという彼女の頭は，きれいに剃っても剃った部分が青く見え，「好きで剃っている人」にしか見えないことだった（相本 2010a: 72）。

　それでもこのイベントへの参加をきっかけに，かつらをかぶらないで外出することの「気持ちよさ」を知った彼女は，その後「スキンヘ

ッド生活」を開始する。それが具体的にどのような実践であるか，「スキンヘッド生活」を始めた当初の彼女は，次のように記述している。

> いろいろと考えることがあって，15年以上使ってきたカツラをやめて，スキンヘッド生活を始めました。ただ誤解のないように書かせていただきますが，毎日，つるつる頭で生活しているというよりは，カツラをできるだけかぶらない生活をしているといった表現が正しいと思います。冠婚葬祭のようなオフィシャルな場所ではカツラをつけますし，仕事場にはバンダナを巻いて行っています。運動をするときは，汗が目に入らないように，タオル地のハチマキをしたり，冬場寒いときはニット帽をかぶっています。スキンヘッド生活というよりはカツラ生活を極端に減らしたという感じです。たくさんのカツラをお持ちの方がいろんな髪形を楽しむように，私も一つの選択肢として，スキンヘッドを入れてみたというのが現状です（相本 2010b: 75）。

このような生活を始めたのとほぼ時期を同じくして，彼女は患者会の会長と事務局からの依頼を受け，副会長に就任した。発症 18 年後のことである。それからの彼女は，患者会と MFMS の活動に参加しながら，積極的に啓発活動に携わるようになっていく。彼女はその過程で，徐々にかつらの使用頻度を減らしていき，筆者が初めて彼女にインタビューをおこなった 2014 年時点では，「冠婚葬祭のようなオフィシャルな場所」でもかつらを使わなくなっていた。その理由について，彼女は次のように語っていた。

> 由：別にそんなにかつらにこだわらなくてもいいかなって。（中略）ただウィッグをかぶってたほうが生活はしやすいやろうなとは思うよ。
> ＊：うんうんうん，そうなんだ。

由：うん。
＊：でも、ウィッグはかぶらないですか？
由：かぶらないね。
＊：うん、それはなぜですか？
由：うふふふ、面倒くさい（笑）
＊：面倒くさいか（笑）
由：のと、［かつらを］かぶってる間中、気にせなあかんやん。［かつらを］かぶってたら。
＊：うんうん。
由：［かつらが］ずれたらいやとかさ。
＊：うんうん。
由：飛んだらいやとか、チクチクするとか、ここらへん［首の付け根あたり］が。もうそういうことに気を遣うのが面倒くさい。
（2回目のインタビュー・TS集11頁19〜12頁8行目）

このように彼女は、「面倒くさい」という理由でかつらをやめていたのだが、その代りによく使うようになっていたのがバンダナや帽子である。彼女がどのようなときにそれらを使用しているのか、具体的には、次の3つの場面である。

第一は、スポーツをするなど、身体を動かすときである。彼女は趣味でテニスをしていたのだが、スキンヘッドのままでは、プレイ中に「汗がものすごい垂れてきて、目に入ったら痛」かった。そのため、「バンダナでしっかりおさえて、バンダナで汗を吸収してもらうみたいに」していた。「身体を動かすときに、バンダナは必須やった」。

＊：［かつらの着用をやめたのは］じゃあ［MFMSの］イベントをきっかけに？
由：そうそう。
＊：徐々にっていう感じですか。
由：徐々にっていう感じ。いまでもこうやって帽子かぶったりだと

か。
＊：うんうん，そうか。
由：うん，バンダナしたりだとか，うん。テニスのときはやっぱり汗かくから，バンダナ必須やったね。(中略) ものすごい汗が目に入るから，もうバンダナでしっかりおさえて，バンダナで汗を吸収してもらうみたいに，うん。
＊：それは，かつらはかぶらないで？
由：そうそう。
＊：ああ，バンダナだけで。
由：そうそう。
＊：ああ，要は，スキンヘッドだと汗が垂れてきちゃうから。
由：垂れてきて，もう目に入ったら痛いんよね。
＊：あー。
由：だから，身体動かすときは必ずバンダナしてたね。
　　　　　　(2回目のインタビュー・TS集5頁22〜6頁13行目)

　第二は，電話オペレーターの仕事をしていたときである。職場では，ヘッドフォン型のインカムをつけていたのだが，スキンヘッドのままでそれをつけると，「痛」かった。そこで仕事中は，抗がん剤治療中のがん患者向けに作られたガーゼ製の柔らかい帽子をかぶり，その上からインカムをつけることで，痛みを緩和させながら業務にあたることができていた。

由：前の仕事は，電話で営業していく仕事だったんだけど (中略) これ [ガーゼの帽子] 買ったの，電話の [仕事の] ときはね，こういう [ヘッドフォン型の] インカム。
＊：ああ，うんうん。
由：こういうのつけるから，痛いねん，スキンヘッドやと。(中略) ここ [頭の骨ばっているところ] が痛い，がちってなるから。(中略) それでこれ [ガーゼの帽子] つけて，だいたい仕事に

行ってたかな。
　　（2 回目のインタビュー・TS 集 15 頁 22 行目〜16 頁 10 行目）

　第三は，寒いときである。スキンヘッドの場合，夏場は涼しく快適に過ごせるが，とくに冬は「寒い」のがネックだった。そのため冬場は外出するときだけでなく，室内で過ごすときや寝るときも，ニットやフリースなどでできた帽子をかぶることで，温かく快適に過ごせている。

　　由：[職場には] バンダナとか帽子で行ってる（中略）夏になったらスキンヘッドで行こうかなって思ってる。いまは寒いから帽子かぶってるけど。
　　　　　（2 回目のインタビュー・TS 集 20 頁 2 行目〜4 行目）

　　由：[まだら頭をさすりながら] これくらいでも [髪の毛が] あると，ちょっとあったかいねん，冬場。（中略）夜中にさ，[帽子が] ぽやって脱げても，朝まで熟睡できるようになって。
　　＊：あー，私も朝方すぐ起きるんですよ，寒くて。
　　由：そうでしょ，ね，寒くてね。
　　＊：うん，頭寒いの。
　　由：そう，で私，ここの [抗がん剤治療中のがん患者向けの帽子を売っている] 会社の人に，無理やり言うて作ってもらったんよ，寝るとき用のやつを（中略）寒いからー。そしたら作ってくれて，こんなんでいいって言って。（中略）これは全然売ってないの，市販してないやつ（中略）めっちゃぬくいで，フリースだから（中略）これ寝るときに，ここで [首のひもで] こう調節できるから，脱げない。寝るとき専用のやつなん（中略）
　　＊：ヒジャブみたいだ（笑）
　　由：そうそうそう，ヒジャブみたい。
　　　　（2 回目のインタビュー・TS 集 26 頁 18 行目〜27 頁 30 行目）

これらの語りに確認できるように，現在，彼女がかつらの代わりにバンダナや帽子を着用しているのは，髪の毛がないことを「隠す」ためではない。それは，「痛さ」や「寒さ」など，髪の毛がないことによって生じる身体的な問題に対処するためである。このように彼女は，かつらの着用をやめ，バンダナや帽子をうまく使うことで，より楽に，より快適に生活できるようになっていた。

4　考察

(1)　「隠す生活」から「隠さない生活」へ —— 由利子さんの4つの生活実践

　前節では，由利子さんがどのような過程を経て，かつらの着用をやめるに至ったのか，そのプロセスを追ってきた。ここでいま一度，発症以降，彼女が具体的にどのような問題に直面し，それにどう対処してきたのかを整理したい。

　発症当時の彼女は，「病気」という認識が希薄で，民間療法でなんとか治そうとしながら，一時しのぎの対処として帽子を着用していた。だが症状は悪化する一方で，一向に治る気配はなかった。それにともなう精神的ダメージは大きく，次第に外出を避け，自宅にひきこもって生活するようになっていた。そのような当時の彼女の様子を知るのは夫だけで，発症前は頻繁に交流していた友人たちや夫の両親とも疎遠になっていた。離れて暮らす実の両親にも円形脱毛症を発症したと話してはいたが，心配をかけたくないという思いから，髪の毛がない姿を見せることはおろか，重症化していると話すことすらできなかった。弟の結婚式に招待された際は，髪の毛がないことを帽子で隠して出席していた（＝「帽子生活」）。

　彼女にとっては，デパートの帽子売り場でかつらのほうがよいというマスター・ナラティヴに接触したことが，かつらの着用を始める契機となっていた。はじめはかつらの着用をいやがっていたが，まるで

それとはわからないかつらを手にしてからは,「何も問題がない」身体状態で社会参加できるようになっていた。だが当時は,円形脱毛症で髪の毛が抜け,かつらを着用していることは「人には言えないこと」「恥ずかしいこと」「バレてはいけないこと」と捉え,家族以外には誰にも打ち明けていなかった。そのことで,「隠しごとをしている」という精神的負担が生じ,また隠していることが露見するのを避けて活動を制限せざるを得なかった。このような問題を解消させたいという思いから,「なんとか髪の毛を生やしたい」と病院での治療を受け始めたのだが,治療には身体的苦痛,通院にかかる時間や労力,治療費や交通費などの経済的負担をともない,なかなか治らないという精神的負担も生じていた(=「カツラ生活」)。

それが出産後,かつらや治療の情報を求めて参加した患者会を通して,治療によって治すのはあきらめ,かつらを工夫しながら着用することで「ふつう」に生活できている当事者の女性たちと出会い,それまでかつらではできないとあきらめていたことができるようになった。その後は次第に「なんとか治したい」という気持ちが薄れていき,治療によって治すのをあきらめたことで,治療にともなう負担を解消させ,以前よりも楽に生活できるようになっていた(=「ウィッグ生活」)。

しかし,かつらを着用して生活する以上,かつらの着用にともなう身体的苦痛や経済的負担,活動制約などの問題は生じていた。治療をやめると決めたときは,「治療に使うお金と労力を,どっちかっていうとウィッグとか他のことに回した方が建設的に生きられるかな」と思ったが,次第にかつらの手入れやメンテナンスにかける手間や労力を「面倒」と感じるようになっていた。そのようなとき,MFMSのイベントに脱毛症当事者のパネリストとして参加し,かつらをかぶらないで外出することの「気持ちよさ」を知ったことをきっかけに,その後は次第にかつらの使用頻度を減らしていた。そして現在は,かつらをまったく使用せず,その代わりにバンダナや帽子を使いながら生

活することによって，かつらの着用にともなう問題を解消させ，より楽に，より快適に生活できるようになっていた（＝「スキンヘッド生活」）。

このように通時的に追ってみると，由利子さんの生活実践は，「帽子生活」→「カツラ生活」→「ウィッグ生活」→「スキンヘッド生活」と変遷してきたといえるだろう。そしてそれは，発症以降のプロセスを通して，髪の毛がないことをどう捉えるかという，彼女自身の認識が徐々に変化し，それにともなって対処法もまた変化していたことによる。現在，かつらを使わないで生活している彼女は，髪の毛がないことを「エコ」で経済的と捉えている（図2）。

> 由：痛みをなんとかせなあかんとか，アトピーみたいにかゆいとかだったら治さなあかんって思うけど，特に支障は，あははは（笑）（中略）エコやなーって（笑）お風呂あがっても，バスタオル使わんでもー，ふつうのフェイスタオルで，身体全身拭けてしまう。わたしエコやわーって思って（笑）だって，だいたい女の子だったら，2か月に1回くらいは美容院に行くのでお金払うわけでしょ？カットやらカラーリングやら。
> ＊：ああ，そうですよねー。
> 由：シャンプーのノンシリコンやらさー，スタイリング剤やらさー，もうそんなん考えたら（中略）一年間に人が頭髪にかけるお金って，すごいと思うねんね。それがかからないんやから。
> （1回目のインタビュー・TS集30頁29行目〜31頁18行目）

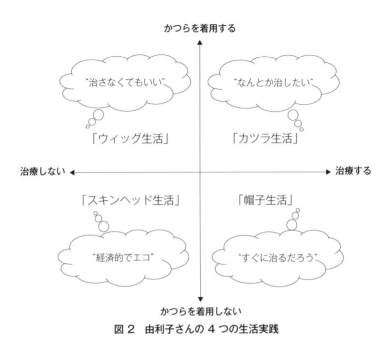

図2 由利子さんの4つの生活実践

このように由利子さんの生活実践は,発症以降現在に至るまでの20数年のあいだに,髪の毛がないことを「隠す生活」から「隠さない生活」へと変化していた。しかし既存研究で指摘されているように,女性にとって髪の毛がないことは,それを見せることはおろか,その経験を語ることさえタブー視される現状があり(Hoffmann 2006; Riley 2009; 石井 2001),「帽子生活」から「スキンヘッド生活」への直接の移行には,かなりの困難がともなうはずである。彼女の場合,その移行は,かつらを着用して社会参加するという迂回路を通じておこなわれていた。

つまり髪の毛を失うという場合,かつら(=義髪)という,かなり良い疑似身体が利用でき,それを装着することによって,外見上は「何も問題がない」身体状態で社会参加しながら,治療不可能である

ことを前提とした生活の再構成をおこなえた。この点は，髪の喪失をめぐる問題に特徴的といえるが，たとえばカモフラージュメイクでカバーできる場合など，他の一部の問題にもみられることかもしれない。

しかしながら，当事者にとって「治療しても治らない」という現実を受け入れ，治療しないという選択に至るのは，決して容易なことではない。実際，由利子さんも，発症後10年以上治療を継続しており，さまざまな治療を試したが治らなかったという経験を経て，治すのを断念するという選択に至っていた。治療には，さまざまな負担がともなったからである。

そして治療をやめたあとの彼女は，対処法をかつらの着用に一本化していた。その生活実践は，かつらの着用によって，スティグマのシンボルとみなされやすく，タブー視されやすい「女性に髪の毛がないこと」を不可視化して社会参加の可能性を確保する，すなわちパッシング（passing）である。それが「カツラ生活」と「ウィッグ生活」であるが，すでに吉村さやか（2016）で報告しているように，それぞれの実践ではパッシングに対する意味づけが異なる。

つまり脱毛症で髪の毛を失った女性にとって，治療と並行しておこなうかつらの着用は，「病気」というスティグマの隠蔽（＝カツラ）と捉えられ，「まだ暴露されていないが［暴露されれば］信頼を失うことになる自己についての情報の管理／操作」（Goffman 1963＝2001: 81）となっている。しかしそれは，「つねにいつ崩壊するか分からない生活を送っているという点で非常な心理的負担，すなわち非常に大きな不安を負わざるを得ない」（Goffman 1963＝2001: 148）。また，かつらの着用によって生じるさまざまな問題に対し，個人的に対処せざるを得ず，それにともなう「生きづらさ」は大きい。

対して，治療の放棄後は，他の多くの女性もおこなうおしゃれや身だしなみ（＝ウィッグ）と捉えられ，それはむしろ「社会生活を織り成すさまざまな条件のなかで生ずるやもしれない露見や破滅の危険に備えながら，自分が選択した性別で生きていく権利を達成し，それを

確保していく作業」（Garfinkel 1967＝1987: 246）となっている。

　由利子さんの場合も，治療をやめてからの数年間，とくに子どもが幼いあいだは，患者会を通じて出会った当事者の女性たちに教えてもらった，かつら使用のテクニックや工夫を凝らしながら「ウィッグ生活」を送っていた。それは，彼女が家庭生活や仕事を担いながら，「帽子生活」から「スキンヘッド生活」への移行を経験していたからである。その移行は一見円滑に見えるが，彼女の場合，家事や子育て，仕事といった社会参加にあたって，かつらが不可欠であるような時期を経なければならなかった。社会参加のためにはかつらを着用しないといけないということ自体が一種の制約であるが，しかしそれ以外にも，かつらを着用しながら生活している他の当事者の女性の多くが経験しているように（吉村 2018），かつらの着用を続けることは，経済的負担や労力，身体的負担，活動制約など，「後発的問題経験」（西倉 2009: 266-7）への個人的対処を迫るものであった。彼女はこれらの問題を軽減／解消させるために，「ウィッグ生活」から「スキンヘッド生活」へとさらに生活実践を移行させていたのである。

　次項では，彼女の事例で特徴的な「スキンヘッド生活」のもつ機能を検討しながら，「女性に髪の毛がないこと」とはどのような「障害」なのか，その内実を明らかにしていく。

(2) 「スキンヘッド生活」という対処戦略

　まず，「ウィッグ生活」と「スキンヘッド生活」のそれぞれの特徴は，以下のように整理できる（表1）。

　対処戦略としていずれがより順機能的かは，状況によって異なる。由利子さんの場合，パッシングをやめた時点で未婚・親元暮らしではなく，家事を抱え，育児を経験した既婚女性であり，女性性のなかでも，情緒が安定した良い妻・良い母としての側面がより重視される環境にあった。また，子どもが手を離れたというライフステージ上の変化により，「スキンヘッド生活」を選ぶことが容易になっていた。

表1 「ウィッグ生活」と「スキンヘッド生活」の特徴

	「ウィッグ生活」	「スキンヘッド生活」
経済的・身体的負担	大きい （かつら費用，暑さ）	小さい （エコ，快適さ）
ライフステージの制限	小さい （子どもが幼いときも可能）	大きい （子どもが幼いときはより困難）
女性性との関係	身だしなみやおしゃれに配慮する女性	情緒が安定した良い妻・良い母

　つまり「スキンヘッド生活」は，ジェンダー・ステレオタイプから完全に免れているわけではない。むしろこの事例では，妻，母という性別役割が，「スキンヘッド生活」への移行の促進要因となっている。つまり，彼女が積極的に啓発活動に携わりながら「女性にも禿げる権利を」と主張し，実生活でもかつらを使わないで生活できるようになったのは，結婚して子どもを産み育てたという，この社会に典型的なジェンダー役割を達成していたことが大きい。この点について由利子さんは自覚的であり，インタビューで彼女は次のように語っていた。

　　由：［かつらを着用しないで生活するのは］一人やったらたぶん無理やったと思う，うーん。
　　＊：そうかー。
　　由：うーん……うち，もしたとえば私が独身でね，29［歳］やったら独身もあり得るよね。で，親とまだ一緒に住んでたりすると，ずっとかつらをかぶりなさいって言われ続けて，その……その親の価値観から抜け出せなかったかもしれない（中略）うちの人［夫］は［かつらを］かぶろうがかぶるまいが，いい意味で奥さんの情緒が安定してくれればそれでいい人なんで（笑）
　　＊：あー彼はね（笑）
　　由：そうそう，そうなのよ（笑）
　　＊：安定してくれていればいいんですよね。
　　由：そうそう，それで機嫌が悪くなるんだったらかつらをかぶれば

いいし，うふふ（笑）かつらを脱いで機嫌がいいんだったら，それは好きなよーにしてくれって（笑）それは子どものためもあるし，いいお母さんでいてくれるんやったら，好きなよーにしたらいいって（笑）（中略）うちの人はね，髪の毛があろうがなかろうがあんまり気にしてない。
（1回目のインタビュー・TS集31頁26行目〜32頁13行目）

　由利子さんと離れて暮らす実の母親は，彼女がかつらを使用しないで生活していることを知ってはいるが，いまでも「あまりいい顔はしない」。「お化粧とかしなかったり，［髪の毛が］ぼさぼさしていたら，女性としてはだめ！」という母親にとって，由利子さんに髪の毛がないことは「とんでもないこと」なのである。対して夫は，彼女がかつらを使用しなくても特に反対せず，「髪の毛があろうがなかろうがあんまり気にしてない」。実際夫は，個別におこなったインタビューで次のように語っていた。

　＊：［かつらを］かぶって欲しいとは思いませんか？
　夫：それをすることによって彼女にストレスが溜まるんだったら，やめて欲しいですね。
　＊：ああそうか，なるほどそうかそうか（笑）
　夫：そう（笑）それで暑い！とか，イライラする！とか思うんやったら，せんほうがいいですよね。
（2回目のインタビュー・TS集23頁14〜18行目）

　夫がこのように語る背景には，由利子さんが「隠す生活」を送っていた当時，かつらの着用によって生じるさまざまな問題が，生活をともにする夫にも影響していたことがある。インタビューで夫は，当時感じていた精神的負担と経済的負担を次のように語っていた。

　夫：風のある日とか……うん，なんかこう……気になる，かえって

こっちの方がね。
＊：そうかぁ。
夫：そうだから，本人はなんかあんまり気にしてなかったですよ。ちょっと［かつらを］抑えてた方がいいんちゃう？とか言うわけですよ。［由利子さんは］大丈夫大丈夫って言うんやけどー。
＊：うんうん。
夫：で，そのうち両面テープもあんまりしなくなって，かぱっと帽子みたくするようになったからー，ちゃんとやっといたほうがいいんちゃうー？とか，こっちが気になってね，うん。で，もしそのふつうに，子どもなんかが冗談でね，［髪の毛を］引っ張ることもあるじゃないですか。で，そのとき［かつらが］取れたら……なんかその想像が怖くて……。
＊：うんうん，そうかそうか。
夫：だから……僕もちょっとこう……ナーバスになっていた時期があって……その時期が……どれくらいだったのかな，10年近くあったと思いますね。
　　　　　　　　　（1回目のインタビュー・TS集9頁9〜23行目）

夫：そりゃもう，毎年［かつら代に］50万って結構大きいじゃないですか（中略）ちょっと無理したときもあったんですけど，それは言ってないですけど，ええ。（中略）子どもが生まれたので，子どもに金がかかるじゃないですか，今後。
＊：そうですよねぇ。
夫：そんなかつら買うより，学費やなっちゅうこともあるじゃないですか。
＊：そうですよねぇ，そっかぁ。
夫：うーん……そのあたりからですかねぇ，結果的に子どもが生まれていいようにまわったのかもしれないですねぇ。もし子どもが生まれていなかったら，まだかつらをかぶっていたかもしれないですよね。
＊：あーなるほどー。

> 夫：子どもにかけるお金をね，かつらに，もっといいかつらとか，そういうものにいったかもしれませんよね，いい治療とか，そっちのほうにね。
>
> （1回目のインタビュー・TS集14頁13行目〜15頁8行目）

「結果的に子どもが生まれていいようにまわったのかもしれない」「もし子どもが生まれていなかったら，まだかつらをかぶっていたかもしれない」と夫が語っているように，彼女が「ウィッグ生活」を手放した背景に，子どもの存在がある。彼女の場合，子どもが手を離れるまでに至る家事や育児経験のなかで，かつらの着用にともなう経済的負担や労力が問題となっていた。

もうひとつ，「スキンヘッド生活」への移行を促進したこととして，子どもへの「教育」がある。それはたとえば，発症10年当時の由利子さんが「円形脱毛症と子育て」というタイトルで会報に寄稿していたエッセイの記述にみることができる。

> 私は現在39歳。夫と一緒に5歳の男の子を育てている。（中略）子育てをする上で，この病気で困っているということは，現在，ほとんどといってない。私は，普段，家の中ではウィッグをつけていないので，子供は，私に髪の毛がないことを赤ちゃんの頃から，知っている。勿論，もう5歳なのだから，私はよそのお母さん達や夫とは違うということもわかっている。でも，生まれた時から，そういう環境の中にいるので彼にとって，私が脱毛症であることは，ごく自然に受け容れられているという感じだ。
>
> たまに「どうしてお母さんは髪の毛がないの？」と聞いてくる時もある。そんな時，私は，「うん，お母さん，病気なんだ。だから治療にも通っているよね。」と応える。ただそれだけである。彼が，私の頭のことを憂えている様子は微塵もない。
>
> これから先も，子供が私の病気のことで悩んだり，いじめられたりすることはまずないと思う。私達親子は，髪の毛がある人達とま

ったく変わらないどこにでもいる，ごく普通の親子であるだけだ（相本 2003: 3-4）。

「どうしてお母さんは髪の毛がないの？」と聞いてくる息子に対して，彼女は「病気」と応えるだけで，それ以上の説明はしていなかった。それは，髪の毛がないことは「憂え」たり，「悩んだり，いじめられたり」することではない，「私達親子は，髪の毛がある人達とまったく変わらないどこにでもいる，ごく普通の親子である」と教え育てるためである。

また，息子が高校生になってからは，「母親の羞恥心と子どもの情操教育」の「どちらを取るか」では「間違いなく後者を選ぶ」という理由で，交換留学生のホームステイを受け入れていた。「子ども自身までが母親は隠さなければならないほど悪いことをしているのではないかと刷り込みたくなかった」という思いから，ホームステイ期間中も，髪の毛がないことは隠さず，普段どおりそのままの姿で生活していた（相本 2014）。

実際，由利子さんのこのような教えを通して，息子は母親に髪の毛がないことを「ただそれだけ」のこととして内面化していた。それはたとえば，以下の語りにも確認できるだろう。

＊：お母さんがかつらなしでお外を歩いているときに，たとえば傍にいてね，なんか見られてるなとか，そういう視線を感じたことはあります？
息：全然意識してないです。
＊：あーそうか，全然。
息：気にしてないです。
＊：あーそうかぁ。
息：はい……慣れたっていうか，もとから慣れてた感じですよね（中略）もう，まったく気にならないですね。年に1回か2回，

意識するくらいですかね。ほんまに母親が，その円形脱毛症っていうことを。こういうとき［インタヴューされるとき］くらいしかほんまに。あ，そういえばそうやなみたいな感じですね，僕にとっては。ほんまにずっともう……逆に［髪の毛が］生えているほうがおかしいみたいな感覚です，僕からしたら。うん，ほんまに。かつらをかぶったら，どうしたんや，みたいな感じになりますもん（笑）

（1回目のインタビュー・TS集7頁16行目〜8頁23行目）

しかしながら実際，学校でいじめにあうなど，親の病気や障害が理由で子どもが社会的排除や差別の対象になることはありうる（外川2011）。そのことに由利子さんは自覚的であり，したがって彼女は，息子の手が離れるまで，冠婚葬祭などのオフィシャルな場面や息子を起点とした社会的場面（たとえば学校行事）に参加するときは，かつらを着用していた。また，MFMSのイベントでスキンヘッド姿を公表することができたのも，すでに息子が親の手を離れていたからだった。このように彼女は，息子の社会化の過程を見据えつつ，タイミングを見計らいながら，かつらを着用しないでいられる場面を徐々に広げていったのである。

また夫も，彼女が「スキンヘッド生活」を開始すると，職場の同僚や友人，知人などの身近な人々に対して，次のような「根回し」をしていた。

夫：［スキンヘッドの由利子さんが夫と］一緒に歩いている写真とかを［由利子さんが］フェイスブックとかにアップしてますから。がんだとか思われたら困るので。聞きにくいじゃないですか，奥さんがんなん？って。だからこっちから，嫁さんスキンヘッドにしてるやろって，あれちょっと実は病気でがんじゃないねんでって。もう実は20何年前からかつらかぶってたん。いや，知らんかったってみんな言うんですよ。実は500円玉く

らいのがいっぱいたまってたまって［髪の毛が］全部抜けてしもうてっていう話をして。あ，そんな病気あんねんって。知らない人がすごく多いです。

（1 回目のインタビュー・TS 集 16 頁 10 〜 15 行目）

夫：いまでも根回しはしてますね。
＊：ああ，いまでもしてますか？
夫：うんうん。やっぱりフェイスブックとか見るじゃないですか。聞きにくいと思うんですよ，本人にはね。だから，［SNS で］つながっている人には，うちの家内はちょっと髪の毛がありませんって言っておかないと，がんだと思う，ほとんどの人が。
＊：あー。
夫：それかなんか変な宗教に入ってるとか（笑）
＊：うふふふ（笑）
夫：そうやって色々勝手に思うんですよ，人間って。
＊：そうかそうか。
夫：だから，円形脱毛症のひどいやつで［髪の毛が］全部抜けて，いまはスキンヘッドにしてますと。やくざでもなんでもないですとか，がんでもないですよとか，変な宗教でもないですよとか，言っておかないと。
＊：うんうん。それは相手から聞かれなくても，先に言っておくっていうことですよね？
夫：つながりそうな人には言っとかないと。言っておくと，ああそうなんですね，びっくりしましたと。ああ，そういうことやったんですねと。そうやってみんな思ってるんですよ。

（2 回目のインタビュー・TS 集 7 頁 14 〜 29 行目）

　夫が語っているように，円形脱毛症でスキンヘッドになる場合もあるということがあまり知られていない現状では，彼女の髪の毛がない姿は「びっくり」されやすく，またその見た目だけでは，「がん患者」や「やくざ」，「変な宗教」の人と誤解されたりする。実際夫は，その

ような「根回し」をしていない相手から,「がんやと思ってた—」と言われた経験もあるという。

このように「女性に髪の毛がないこと」は,その見た目だけではさまざまな誤解や偏見を生みやすい。そのため由利子さんは,とりわけ息子が幼いあいだは,髪の毛がないことに対する他者からの誤解や偏見に息子が巻き込まれるのを避けるために,自宅以外の場面ではかつらを着用して「隠す生活」を送らざるを得なかった。

また夫は,由利子さんが「隠さない生活」を始めてからは「根回し」をし,彼女がかつらを着用しないでいられる場面をスムーズに拡げられるようサポートしていた。それはかつらの着用によって生じる問題が夫や家庭生活にも影響していたからであり,妻であり,母である彼女の「機嫌がいい」状態を保ち,「いいお母さんでいてくれる」ためでもある。

つまり「スキンヘッド生活」という実践は,啓発のためだけでも,当事者である彼女自身がより楽に,より快適に生きるためだけでもない。それはパッシングによって生じる問題を最小化させることによって,彼女とその家族がともに,社会とつながりながら生きるための対処戦略なのである。

5 おわりに——「女性に髪の毛がないこと」と「障害」

本稿では,「髪の毛がなくても全然問題ない」と語り,「隠さない生活」を送っている由利子さんの事例を検討してきた。事例の検討を通して明らかになったのは,以下のことである。

発症以降現在に至るまでのあいだに,髪の毛がないことに対する彼女自身の意味づけは徐々に変化し,それにともなって彼女の生活実践も,「隠す生活」から「隠さない生活」へと移行していた。つまり彼女は,セルフヘルプ・グループの活動を通して出会った当事者たち(脱毛症当事者・「見た目問題」当事者),ならびに,生活をともにする

家族との関係性を通して，髪の毛がないことは「治さなくてもいい（≠インペアメント）」，「恥ずかしいことではない（≠スティグマのシンボル）」と捉えるようになり，「隠さない（＝パッシングしない）」という選択に至っていた。それは彼女が，パッシングにともなう問題によって，障害（＝ディスアビリティ）を経験していたからである。

榊原賢二郎（2016）は，障害を「断片的身体情報と社会的処遇の関係に帰責された社会的排除」（榊原 2016: 146）と定義し，社会的排除を社会参加における自由の制約として捉えている。この観点からみると，髪の毛を失った由利子さんが何を障害として経験していたのかが明らかとなる。つまり彼女は，発症してからのおよそ15年間，女性に髪の毛がないことに対する周囲の排除的処遇（障害）を予期して，「隠す生活」を余儀なくされた。そのことは，経済的・身体的負担，そして隠さない生活の選択権の剥奪という別種の制約（障害）を生じさせていた。さらにそこで経験されていた社会的排除は，彼女のライフコースに影響を及ぼすだけでなく，ともに暮らす家族や家庭生活にも影響していた。そこで彼女は，家庭生活を維持しながら，家族とともに，社会とつながって生きるために，「隠す生活」から「隠さない生活」へと，対処戦略を変化させていたのである。

これまで筆者がおこなってきた調査を通してみると，調査協力者の女性の多くは，「ウィッグ生活」を対処戦略として採用している。先述のように，パッシングそれ自体の意味づけを変化させることによって，パッシングにともなう自由の制約を，この社会のジェンダー役割のもとで女性一般が感じる生きづらさへと意味転換させ，その一部を軽減／解消させることができるからである。つまり彼女たちは，「病気にかかった特別な人がすること」ではなく，「女性がおこなうおしゃれや身だしなみ」としてかつらを着用し，そのことを通じて「女らしさ」のイメージを引き受けることで，それにともなう負担を解消させている。したがって，パッシングにともなうさまざまな問題は，多くの女性たちが日常的に感じている「おしゃれや身だしなみの面倒

さ」に関係する文脈で捉えられることによって問題化されない。そうした意味付与のもとでは、パッシングにともなう問題は障害としては同定されにくくなる（吉村 2016）。

　対して由利子さんの場合は、パッシングにともなう問題を障害と同定していた。すなわち、「髪の毛がないことは、悪いことでも、恥ずかしいことでも、隠すべきことでもない」と、髪の毛がない自らの身体に問題があるのではなく、その身体とともに社会を生きようとしたときに社会的排除が生じる社会の側に問題があるのだと問題の所在を位置づけなおしていた。そして彼女が、かつらの着用をやめ、「隠さない生活」を選択し得ていたのは、その選択をした時点で彼女がすでに、結婚、出産、子育てという、典型的なジェンダー役割に結びつけられたライフイベントを達成し得ていたからであった。逆にいえば、未婚期や子どもが幼い時期には「禿げる権利」を行使しにくい。彼女はこのことに自覚的であり、であるがゆえに、「隠さない生活」を手に入れた現在でも、「実名・顔出し」ができる数少ない当事者女性の一人として、「女性にも禿げる権利が欲しい」と啓発活動に携わっているのである。

　由利子さんのように、典型的なジェンダー役割を達成していない女性は、「禿げる権利」を主張できない、「隠さない生活」を選択しづらい。それが、「女性に髪の毛がないこと」によって生じる障害なのである。

　[**謝辞**] 調査にご協力いただいた、「円形脱毛症を考える会」（現・NPO法人「円形脱毛症の患者会」）ならびに、インタビュー・データの使用と実名での公表を快諾してくださった相本由利子さまとご家族のみなさまに、記して厚く御礼申し上げます。

【注】
[1]　同会は、1975年に「円形脱毛症の子を持つ母親の会」として、株式会社東

京義髪整形の支援のもと発足した当事者会である。1996年7月に、親の会から当事者主体の会として再組織化された際、「円形脱毛症を考える会」と改称し、2017年9月にNPO法人化された際、「円形脱毛症の患者会」とさらに改称している。会員数は全国におよそ150名である。会の主な活動としては、年2回の「医療セミナー」（皮膚科医による脱毛症のメカニズムと治療に関する講演会で、東京と地方都市で各1回開催）、年1回の「親がも会」（脱毛症の子をもつ親の会）のほか、1999年以降現在まで継続して、年に4～5回、会報『このゆびとまれ』を発行している。なお、会報は各会員の自宅宛てに郵送されているが、当会に所属する当事者の中には、家族にもカミングアウトしていない人や、当事者の子どもをもつ親が、子どもには内緒で会員として所属し、治療やかつらに関する情報収集をしているケースも多い。そのため郵送する際の封筒には、カモの一種で、英語でスキンヘッドの人の意味をもつ「緋鳥鴨（ひどりがも：baldpate）」にちなんで名づけられた「ひどりがもの会」という通称が用いられている（ひどりがもの会・阿部編 2001: 14）。

[2] 以下本文中、トランスクリプトからの引用における＊は調査者（筆者）の発話、ブラケット［　］は筆者による内容の補足であることを示している。インタビュー・データの抜粋に際しては、その都度、○回目のインタビュー・トランスクリプト（TS）集○頁○～○行目と表記する。

[3] 由利子さん、夫、息子への個別インタビューの詳細は、以下の通りである。由利子さんへのインタビューは、2014年4月28日と2017年1月21日に、それぞれ喫茶店と由利子さんの自宅でおこなった。所要時間はともに2時間半である。夫へのインタビューは、2015年2月22日と2016年8月20日に喫茶店でおこなった。所要時間はともに1時間である。息子へのインタビューは、2015年6月21日に由利子さんの自宅で行った。所要時間は1時間である。インタビュー・データはすべて本人の許可を得てICレコーダーに録音し、のちほど文字に起こした。

【文献】

相本由利子（2003）「円形脱毛症と子育て」『このゆびとまれ』31: 3-4.
─── （2010a）「「見た目問題で悩まない」in 大阪ミーティングに参加して」『このゆびとまれ』72: 2-5.
─── （2010b）「スキンヘッドの向こう側」『このゆびとまれ』75: 3-5.
─── （2014）「ユリの関西はんなり通信・その20」『このゆびとまれ』99: 4.
─── （2017）「人との出会いで自分が変わる──円形脱毛症を考える会の活動を通して」『ヒューマンライツ』347: 16-21.
Garfinkel, Harold（1967）"Passing and the Managed Achievement of Sex Status in an 'Intersexed Person' Part1 an Abridge Version," *Studies in Ethnomrthodology*,

Prentice-Hall, 116-85.（＝1987, 山田富秋・好井裕明・山崎敬一編抄訳「アグネス, 彼女はいかにして女になりつづけたか――ある両性的人間の女性としての通過作業とその社会的地位の操作的達成」『エスノメソドロジー――社会学的思考の解体』せりか書房, 217-95.）

Goffman, Erving（1963）*Stigma: Notes on the Management of Spoiled Identity*, Prentice-Hall, Inc.（＝2001, 石黒毅訳『スティグマの社会学――烙印を押されたアイデンティティ』せりか書房.）

ひどりがもの会・阿部更織編（2001）『誰も知らない円形脱毛症』同時代社.

Hoffmann, Candace（2006）*Breaking the Silence on Women's Hair Loss: A Proactive Guide to Finding Help*, Woodland Publishing.

石井政之（2001）「変身するカツラカウンセラー――円形脱毛症」『迷いの体――ボディイメージの揺らぎと生きる』三輪書店, 89-121.

西倉実季（2009）『顔にあざのある女性たち――「問題経験の語り」の社会学』生活書院.

Riley, Caitlin（2009）*Women, Hair and Identity: The Social Processes of Alopecia*, Supervised by Dt. Kiran Cunningham, Department of Anthropology and Sociology, A paper submitted in partial fulfillment of the requirements for the degree of Bachelor of Arts in Kalamazoo College.

榊原賢二郎（2016）『社会的包摂と身体――障害者差別禁止法制後の障害定義と別異処遇を巡って』生活書院.

須長史生（1999）『ハゲを生きる――外見と男らしさの社会学』勁草書房.

Synnott, Anthony（1993）"Hair: Shame and Glory," *The Body Social: Symbolism, Self and Society*, New York, Routledge.（＝1997, 高橋勇夫訳「髪――恥と栄光」『ボディ・ソシアル――身体と感覚の社会学』筑摩書房, 179-222.）

外川浩子（2010）「「見た目問題」とは」『マイ・フェイス』1: 3-5.

―――（2011）「「見た目問題」×親子――思い合い, 向き合って」『マイ・フェイス』6: 5-7.

Weitz, Rose（2005）"Bald Truths," *Rapunzel's Daughters: What Women's Hair Tells Us About Women's Lives*, New York, Farrar, Straus, and Giroux, 134-64.

吉村さやか（2013）「女性の「髪」の喪失――身体とジェンダー」『聖心女子大学大学院論集』35(2): 34-51.

―――（2015）「なぜ彼女は「さらす」のか――髪を喪失した女性のライフストーリー」『日本オーラル・ヒストリー研究』11: 269-92.

―――（2016）「「カツラ」から「ウィッグ」へ――パッシングの意味転換によって解消される「生きづらさ」」『新社会学研究』1: 119-35.

―――（2018）「髪の毛がない女性たちの「生きづらさ」――脱毛症当事者の問題経験の語りから」『皮膚と美容』50(1): 2-7.

2章
発達障害を捉えなおす
―― 制度的支援の場における当事者の実践

浦野　茂

1　問題の所在

　2004（平成16）年12月10日，発達障害者支援法が公布された。この法は，知的障害と身体障害の陰に隠れ，これまで福祉に関わる法と制度において正面から取り組まれてこなかった発達障害者の支援を目的として成立した。発達障害とは，この法によると「自閉症，アスペルガー症候群その他の広汎性発達障害，学習障害，注意欠陥多動性障害その他これに類する脳機能の障害であってその症状が通常低年齢において発現するものとして政令で定めるもの」と定義されている（第2条第1項）[1]。このように定義された発達障害をもつ人びとへの支援として，同法は国と地方公共団体に対して発達障害の早期発見と早期療育，教育や就労，地域生活における支援を義務づけている。これにより，各都道府県および政令指定都市においてもとより活動を展開していた自閉症・発達障害者支援センターがあらたに発達障害者支援センターへと変更され，発達障害者に対する支援拠点として位置づけられていくことになった。

　このような支援体制の整備の背景には，数多くの困難や苦悩を抱えた障害者当人や保護者そして医療や福祉，教育の現場に携わる関係者の永年の努力があった。しかしそれとともに無視することができないのは，発達障害の概念の広範な普及と浸透である。

たとえば1990年代後半以降の日本においてこの概念は，少年の特異な触法行動をめぐる報道においてたびたび用いられてきた（佐藤2007）。こうした報道を通じてこの概念は育児や教育，治安などをめぐる人びとの不安を喚起してきた。しかしその一方で，この不安のなかで繰り返し公にされてきた偏見にさらされてきたこの障害を持つ人びとのなかから，自身の生活経験を発達障害の概念を用いて把握し，さらにはみずから研究を組織してこの概念について捉え直していく動きも現れている（綾屋・熊谷 2008; Bagatell 2010）。

　発達障害をめぐるこのような動向を踏まえ，本章では，発達障害という概念が人びとに経験と行為のいかなる可能性を提供しているのか，とりわけこの概念が適用される人びとのそれらに焦点をあてて検討してみたい。そこで以下ではまず，その背景を説明することでこの課題のねらいを明らかにしておきたい。

　先に見たように，発達障害者支援法によると発達障害の概念はその下位概念として自閉症やアスペルガー症候群，特定不能の広汎性発達障害などを含んでいる。そしていずれの障害も「脳機能の障害」であると捉えられている。このように発達障害とは生物医学的観点から人びとの状態を呼び指す概念であるとひとまず言える[2]。しかしその一方でこの概念は，自己の存在について自覚的である人びとを呼び指すことを通じ，そう呼び指される人びとの認識のあり方に影響を及ぼさざるをえない。診断を受けた人びとが，自己のあり方や生活経験についての認識をあらたにすること，周囲の他者との社会関係のあり方が改められること。このようなことは，医療や福祉，教育の現場において当たり前のように生じていると思われる。

　ちなみに医学の概念がこのように人びとの自己認識の枠組みとなっていくことは「医療化」と呼ばれ，これをめぐる批判的研究が蓄積されてきた。生活における困難やトラブルがあらたに医学の概念によって定義され，予防や治療の対象として医療の統制のもとに置かれていく。この変化のなかで困難やトラブルは個人の身体や精神の問題とし

て捉え直され，こうした個人が医療従事者の統制のもとへと置かれていく。医療化という概念はこうした支配-従属関係とこれをもたらしてきた社会編成のあり方を指し，それをめぐる批判的研究が蓄積されてきた（Freidson 1970; Conrad & Schneider 1992＝2003）。これを障害（disability）について言えば，もっぱらその身体や精神の状態を理由として公の秩序から排除された障害者が，医療従事者の統制のもとで隔離されあるいは治療・訓練による適応を強制されてきた状況が問題とされた[3]。そしてこのような支配-従属関係をもたらす社会編成のあり方が，個人を無力化する抑圧として批判され，その改変を通じての障害者の解放を目指す障害の社会モデルが提起されてきた（Zola 1972; Oliver 1990）。

　これらの批判は，病気や障害とされる状態のゆえに医療への従属を強いられてきた人びとの解放運動として，またこれを受け止めるなかで示されてきた。そのことのもつ意義を否定することはできない。しかしこれとは別に，こうした強い批判的観点にあらかじめ依拠してしまうことが医学の概念の社会的浸透のあり様について正確な把握を妨げてしまうおそれのあることには留意が必要である。

　これらの批判において病者や障害者は受動的な存在として位置づけられてきた。医学の概念のために，正しい自己認識から遠ざけられ，あるいはその経験を語ることを抑圧されてきた存在として。たしかに今でもこのような状況は存続しており，その批判を欠かすことはできないだろう。しかしだからといってそれで十分ということにはならない。医学の概念は病者や障害者にとどまらず現代社会に生きる人びとの経験の外側に位置しているわけでは必ずしもなく，むしろそれを積極的に構成する要素になっていることがあるからである。すでに社会的に浸透したこれらの概念は，人びとが自身の経験を捉えるための資源となっているだけでなく，この概念が由来している社会に抗うための足場にもなっているからである（Hacking 2007; Rose 2007）。

　いくつか例を挙げてみよう。ニキリンコは，アスペルガー症候群の

診断がそれまでの自己像や人間関係理解をめぐる道徳的な再把握と,さらには同じ診断を得た者同士の社会関係形成の資源となりうることを自身の経験にもとづいて述べていた(ニキ 2002)。このような診断のもつ積極的な意義を踏まえつつも,綾屋と熊谷はさらに発達障害の概念のもつ問題を自身の経験を言葉にする作業によりながら明らかにしている(綾屋・熊谷 2008)。また G. イヤルらは,社会適応を目的としておこなわれてきた自閉症児への行動訓練が,その訓練対象者たちをしてこの目的とその背景をなす自閉症概念の批判へと導いていったアメリカ合衆国の事情について述べている(Eyal et al, 2010; Hart 2014)。さらには,自閉症の当事者を自認する J. シンガーが既存の社会編成のあり方を批判するさいに用いていたのが(社会学と障害学にではなく)遺伝学と神経学にヒントを得ながら身体そのものに焦点化した「神経多様性」の概念だったことをここに付け加えてもよいだろう(Singer 1999, 2016; 浦野 2016)。

　これらは思いつくままにあげた例にすぎない。しかしこれらからでも医学の概念への批判的観点を自明の前提とすることの限界は明らかだろう。医学の概念がすでに浸透しそれとともにある病者や障害者の実践はどのようなものなのか。そしてその実践においてこれらの概念はどのような可能性をもっているのか。批判的観点にあらかじめ依拠することでは見えてこないこうした事実を精密に把握することが必要になる。こうしたことをこれらの例は教えてくれている。[4]

　以上を背景としながら本章が明らかにしたいのは次のことである。発達障害にかかわる診断を得た人びとは,この人びとを支援する目的で組織された制度的実践の場において,いかなる形式のもとで自己とその状態を経験することになるのか。またその場における自己と他者の関係の形式はいかなるもので,これはこの人びとにいかなる実践の可能性を提供しているのだろうか。もっとも,以下において検討できるのは,ある状況において生じた 1 つの事例にすぎない。とはいえこれに注目することによって,医療化論と障害の社会モデルに収まる

2 章　発達障害を捉えなおす　　41

ことのない事態が医学的概念とその対象たる人びととの関係において生じていることを感受することができるだろう。そしてさらに、この事態を成立させている実践の概念的連関を記述していくことにより、発達障害者をめぐる制度的支援の場が人びとの経験と行為のあり方に対していかなる可能性を提供しているのかをも明らかにできると考えている。

2 事例について

以下において検討する事例は、ある県の発達障害者支援センターにおいて 2007 年 6 月に録音・録画されたものの一部である。

事例を検討する前に、発達障害者支援センター[5]について簡単に触れておきたい。発達障害者支援センターは、2002（平成 14）年度より国によって開始された「自閉症・発達障害者支援センター運営事業」による補助を受けながら、都道府県と政令市（もしくはそれによって委託された社会福祉法人など）によって運営されている。そのおもな業務は、発達障害者支援法が定めるところによると、発達障害者とその家族への相談と助言、障害者の就労支援、関連機関への情報提供と連絡調整などとなっている。

これから検討する事例は、この発達障害者支援センターにおいて 1 年を単位として月 1 回のペースで実施されている発達障害者のための社会生活技能訓練（Social Skills Training、以下では、SST と呼ぶ）の一部である[6]。参加者は、このセンターの募集に応じた高校生で、普通高校もしくは特別支援学校高等部に通学し、大半がアスペルガー障害もしくは広汎性発達障害という診断を告知されている。この意味において発達障害（より限定して言えばアスペルガー障害や広汎性発達障害）の概念は、この SST への参加資格となっている[7]。また、この SST の各回のセッションは、外部の精神保健福祉士をリーダーとして、実施されている。

ここでSSTについてもかいつまんで説明しておきたい。SSTとは，認知行動療法を基盤とし，おもに精神障害者や発達障害者，受刑者などを対象としながら，日常生活において必要とされるさまざまな社会的技能の回復や改善を促すための治療法である。実際のセッションは，精神科医や看護師，精神保健福祉士などをリーダーとし，対象となる参加者に対してグループにおいてロールプレイあるいは予行演習形式の行動の練習を繰り返していくことを中心に，実施されている。なお，セッションにおいてはそれぞれの対象者が抱えている生活上の困難や課題を汲み取り，それに沿いながらセッションを構成していくことが重視されている。

3　困難の語りを導き出す

　それでは事例を検討していこう。以下，順を追って検討していく事例は，連続的に開催されていた2回目のセッションである。ちなみに初回のセッションではおもにSSTについての一通りの説明がなされたうえで，参加者それぞれによる自己紹介が訓練の一部としておこなわれていた。そしてその最後に宿題として，リーダーは参加者に，日常生活において困っている事柄について考えてくるよう要請していた。[9]

　そこでリーダー（L）は，全員が輪を作るように着座しているなかで，参加者に向けてこの宿題について言及し，「困っていること」の有無について問い尋ねていく。[10]

【断片1】
01　L：先月ですけれども，皆さんには宿題っていうか，なんか1
　　　　ヵ月間，自分が生活のなかで，こういうこと困っているこ
　　　　とがあるとか，この辺ちょっとーどうしたらいいんだろな
　　　　とか，みんなでちょっとお話しできればいいかなーとか，

ということを皆さんにちょっと考えてきて欲しいということを皆さんに提案したんですけどもぉ，いかがでしょうかねえ，ちょっと考えてきましたか。

これに応じて，参加者 A がすぐさま挙手によって反応し，リーダーに促されながら次のように語っていく。

【断片 2】
06　A：ぼく昨日ちょっと体育の先生怒らせたんですよ。前にも怒らせたことあったんですけど，あの，授業に参加しないで追加課題の方に集中してやってたんです。それ取ると成績が良くなるから。で，なかなかうまくいかなくて，これができなければ卒業できないんですかって訊いたら，そんなわけないだろって。そんなちゃんと聞いてないんだったらもう授業参加するなって，怒られました。
07　L：ふーん
08　A：そのあと帰ってきて，僕悪いなって思いました。だから，そういう，どうやったら相手が傷つくのかそういうことがうまく考えられないんです。
09　L：ふーん，なるほどね。なんか B 君頷いてましたけど，なんかその辺で感じるところあるのかな
10　B：今はそういうこと少なくなったんですけど，小学校中学校とそういうこと結構あって，それで修学旅行とかになると必ずって言っていいほどトラブルメーカーになってて。集団行動がぜんぜんできなくって，みんなから除け者扱いになってて。
11　B：こないだだっけ，こないだの高校の修学旅行では，ま，集団行動はちゃんとできたんですけど，うーん，なんだろ，途中で，自分めちゃくちゃ疲れてて，あのー，ちょっと途中でユニバーサルスタジオのホテルに行って，今からユニバーサルスタジオ行くっつう時に，もう，ちょっと疲れて

　　　　て，みんなから冗談でからかわれるんで．自分でもそれで
　　　　なんか限界来たなーって思って，それで，なんか荷物ぶん
　　　　投げて，お前いい加減にしろーって，キレて，ホテルの部
　　　　屋んなかで泣き叫んだんですよ．
　12　L：その時の感情ってのを，なかなかコントロールできなくな
　　　　っちゃたの．
　13　B：ですね．

　やりとりは，リーダーによる明示的な管理のもとに作られている．リーダーは「困っていること」という話題を設定し，またこれが参加者の「皆さん」への宿題であったことを明示している（01）．つまりリーダーは，自身を聴く者として（つまり自身としては積極的に語ることのない者として）位置づけながら，参加者から困っていることについての語りを導き出そうとしている．そのなかで，A は挙手によってリーダーから順番を認められ，語っていく．体育教師から怒られたこと，そして振り返ってみると自分が悪かったと思ったことを語り，最後に「どうやったら相手が傷つくのかそういうことがうまく考えられない」と，A は語りを結ぶ（08）．ここで A は，自身の語ってきた「困っていること」を自身の対人的能力の欠如へと明示的に結びつける定式化によって，その語りを締めくくっている．

　なお，この定式化のあいだ，B は強い相づちを強く打っている．そこでリーダーは，「その辺で感じるところあるのかな」と，A の定式化に関連あるものとして明示しながら B の語りを促していく（09）．言い換えるならば，B がリーダーによって順番を割りあてられ，その語りへと導き入れられるのは，対人的能力の欠如についての A による定式化と関わりある事柄を語る者として，なのである．そして B は，リーダーによるこのような話題と発話順番の管理に基づき，また実際に A の定式化との関わりを明示しながら（「今はそういうこと……」），語っていく（10）．自身が「集団行動ができな」いこと，他方，修学旅行では途中までは集団行動ができていたこと，しかしそれ

も疲れと周囲から「からかわれる」ことをきっかけにうまくいかなくなり、感情をコントロールできなくなって「キレて」しまったこと。Aの語りと同様に自身の能力の欠如に結びつけながら、Bは自身の経験を語っていく。

なお、語られているエピソードに注目すると、このBの語りはAの語りと正反対のかたちをとっているように思われるかもしれない。Aは相手を怒らせており、Bは自身が「キレて」いるのだから。もしそうだとすると、このBの語りは、リーダーによる話題の管理からも、またみずから明示したAの語りとの関連性からも、逸脱していることになる。しかし、Bによるこの物語が、自身の集団行動の能力の欠如を重要な背景としながら語られていることに注意しておきたい。すでにみたようにその前置きにおいて集団行動の能力の欠如が明示されていた (10)。また修学旅行での出来事を述べていく際にも、途中までは集団行動ができていたものの最後には失敗したというように、やはり自身の能力の欠如に焦点が当たるように物語が組み立てられている (11)。

以上より、こう言えるだろう。Bの物語は、周囲との摩擦という表面的な出来事においてではなく、むしろそれらを自身の対人的能力の欠如に結びつけて経験するその仕方において、Aの物語と共通した構造をもっている。そして、この経験の仕方の共通性はたまたま成立したものではない。しかるべき手続きに基づいて作り上げられた共通性である。すなわち、リーダーによる話題と発話順番の管理にしたがって参加者が物語を語っていくという手続きを通じて作り上げられた共通性なのである。

以上の観察をまとめると次のようになる。第一に、リーダーは自身をもっぱら聴く者として位置づけながら、参加者から困難の語りを導き出している。そのさい第二に、リーダーは、この語りを聴くほかの参加者の反応を、目下語られている物語に関連するものとして明示することによって、この参加者からも語りを導き出している。第三に、

このようなリーダーによる話題と順番の管理のもとに参加者が物語を連ねていくことを通じ,参加者のあいだに経験の共通性が作りあげられていく。それは,対人的能力の欠如に由来した困難の経験をめぐる共通性である。

4 練習の資源としての物語

ところで,このように導き出された物語の連なりは,リーダーにとってどのような意味をもつのだろうか。物語の連なりに対するリーダーの関わり方をみることで,この点を押さえておきたい。

以下は,断片 2 における B の物語に続く部分である。

【断片 3】
16 L:いま A 君と B 君の話を聞くとぉ,そうだね,A 君は別に怒らせたって気持ちは全然ないんだよね。
17 A:ああ,でも,ちょっとそのあと怒られてから,ちょっと悪いなって気持ちがしました。んでー,だから僕,正直言って,月曜日から学校いくのちょっと自信なくなりかけてるんです。
18 L:ふーん,そうなんだ。

リーダーはまず,A と B によって作られた経験の共通性を踏まえていることを,その発言の前置きとして明示している(「いま A 君と B 君の話を聞くとぉ」)。したがって以降に述べられる事柄は,少なくとも A と B に共通に関わりあるものとして述べられていくことになる。そのうえでリーダーは,断片 2 において A によって語られた事柄について,確認の質問をおこなう(16)。これは,A には体育教師を怒らせるような「気持ち」がなかったことを確認する質問である。ちなみにこれに先立ってすでに A はこの教師を「怒らせた」と述べていた(06)。したがってリーダーによるこの質問は,教師の行為を

もたらしたAの行為についてA自身の理解を問うていると考えられる。すなわち，それをおこなうにあたって，Aには教師を怒らせる意図はなかったことをリーダーは確認しているのである。意図の不在を確認するこうした質問に対し，Aは「ああ」と意図の不在をまずは認める（17）。しかしそのうえで「でも」と逆説の前置きをし，怒られた「そのあと」になって「ちょっと悪いなって気持ちがし」たと補足する（17）。怒られたという結果からみると自身に責任があると考えられる——すなわち結果的には自身に責任が帰属されるものの，しかし行為の最中にはそのような気持ちはなかった，ということになる。このようにその確認質問においてリーダーが導入した行為の意図と結果の区別にもとづき，一方でAは結果的に責任を自己に帰属しながらも，他方でそのような結果が意図的なものではなかったことを認めているのである。

ここで注意したいのは，リーダーがAにその「気持ち」を確認することの意味である。言い換えるならば，教師から怒られるというかたちで周囲と摩擦を引き起こした当の行為の最中には，Aには相手を怒らせるような意図がなかった，ということに焦点を当てることの意味である。

おそらくここでリーダーがおこなっているのは，Aの行為について，その意図と結果との区別に焦点を当てることである。Aには教師を怒らせる意図はなかった，しかし結果的には教師を怒らせてしまった——この点を確認することによってリーダーは，一方でAの行為を道徳的に擁護しつつ，他方でその行為が意図とは異なる仕方で教師によって受け止められていることを明確にしている。つまりここでリーダーは，参加者とその周囲の人びととのあいだに行為理解をめぐるすれ違いがあることを，参加者たち（少なくともAとB）に共通する事柄として提示しているのである。

ちなみに，参加者たちの経験のなかにこのようなすれ違いが存在していることを示すことは，リーダーがSSTを導いていくにあたり重

要な足がかりとなっている。この点は，この断片のしばらく後にやってくる断片 4 をみるとわかる。[11]

【断片 4】
26　L：A 君の話とかみんなの話とか聞くと，そうだねえ，怖いっていう感情が出てくるんだよね。あと，怒られたっていうようなねえ，たしかに感情があるよねえ。
27　L：せっかく A 君がそういう風にお話ししていただいたので，なにか練習課題とか，もし SST に結びつけられるものがあるかなーって思っていろいろお話し聞いてたんですけどもぉ。……〈中略〉
28　L：なんかみんなのお話聞いていると，こういうように自分の気持ちとか，なかなかうまくこう，伝えても相手が理解してくれないとかっていうことがけっこうあるみたいだねえ。D 君のあのー，こう消しゴムとか飛ばされるとかあるんだよね，その時は自分の気持ちを言った方がいいと思うんだよね，手紙よりも。

　ここでもリーダーは，参加者の「みんな」に関わりのある事柄であることを最初に明示しながら，参加者の感情に言及する発言をおこなっていく (26)。おそらくこの部分は，A の様子を踏まえながら「怖いっていう感情」を A に認めたうえで，この感情が意図せずして教師から「怒られた」という A の経験に起因していることについて述べていると理解できる。このように，先に焦点を当てた行為理解をめぐるすれ違いにふたたび触れたうえで，リーダーは，SST の練習課題をみつけるために参加者の語りを聴いていた旨の説明をおこなう (27)。
　この説明は，一方において，自身の聴き方に理由づけを与えるものになっている。A や B から導き出された周囲とのすれ違いの経験へのリーダーの関わり方についてみると，そのいきさつについて問うの

2 章　発達障害を捉えなおす

でもなく，共感的に反応するのでもなく，Aの「気持ち」に触れながら教師とのあいだに誤解があることを確認していくという，「醒めた」聴き方になっている。そしてリーダーの説明は，このことに対する理由づけをおこなっていると言えるかもしれない。

しかし他方，このような説明を通してリーダーは，これまでのやりとりを通じて焦点を当てられてきたすれ違いの経験をSSTにおける練習課題（ロールプレイなどの行為の仕方をめぐる練習）へと結びつけていこうとしている。参加者の行為がその意図とは異なる仕方で受け止められるということを踏まえて，意図ではなく行為の仕方のほうを改めていく練習へと参加者を導いていこうとしているのである。すなわち問題なのは意図ではなく行為であり，したがってその作り方を練習の対象にしていこうとしているのである。だからこそリーダーはこれに続けて，このような行為の仕方の問題が参加者の「みんな」にあてはまると述べたうえで，その1人としてDを名指しながら，具体的な行為の仕方について助言していくのである（28）。

ふたたびここまでの観察をまとめておこう。第一に，リーダーは自身を聴き手として位置づけながら参加者から物語の連なりを導き出すことにより，参加者間に共通する経験を見出している。第二に，この経験を招いた参加者の行為について，その意図と結果の区別に焦点を当てることにより，リーダーはこの経験を参加者と周囲の人びととの行為理解をめぐるすれ違いとして，さらにはこのすれ違いが参加者の意図に沿ったものではなく，むしろその行為の仕方が招いた事柄として明示していく。第三に，リーダーは，このような行為の仕方を，SSTの練習へと結びつけていく。すなわち，すれ違いを招いた参加者の行為の仕方の問題を示すものとして，したがってこれをあらためてふさわしい仕方を習得するための契機として，リーダーは取り扱っていく。

以上に基づくと，参加者の経験したすれ違いは，SSTの共通課題を確立するための資源としてリーダーによって位置づけられていると

言うことができる。なお，リーダーが SST において参加者の行為の仕方の修正を念頭におきながら物語に耳を傾けていくことは，とりわけ奇異なことではない。むしろ，精神障害者や発達障害者などの参加者が，現実の社会生活のなかで「効果的なコミュニケーション」をおこなうことができるようになることを目的の 1 つとしている SST にとり，参加者の語る経験のなかから練習課題を導き出していくことは十分に理にかなったことである（Liberman et al. 1989: 2 = 1992: 2）。

5　すれ違いを誤解として捉え返す

ところで，リーダーにとって参加者の共通課題を確立するための資源として位置づけられていた行為理解のすれ違いは，他方において，これとは異なる仕方で参加者によって扱われていく。前記の断片 4 の末尾からその続きを記したのが断片 5 である。

【断片 5】
28　L：D 君のあのー，こう消しゴムとか飛ばされるとかあるんだよね，その時は自分の気持ちを言った方がいいと思うんだよね，手紙よりも。
29　D：言うんじゃだめです。あの，あの数がいるから。
30　L：数がいて［も，
31　B：　　　　　［言ってもだめ，言って伝わんないんですよ。やっぱり，あ，相手，なんて言うんだろな，相手になんないっつうか。言っても無駄だったんです。一応，俺はなんかあの，ヒステリー起こして何とかわかってもらったような感じで。

先に述べたように，ここでリーダーは，D の行為の仕方では「相手」に「理解」されないと述べたうえで，より適切と思われる行為の仕方を助言していく（「自分の気持ち」を「手紙」で伝えるのではなく，

直接「言った方がいい」)(28)。しかしDはこの助言を否定したうえで,「数がいるから〔多数の相手がいるから〕」と否定の理由を述べていく(29)。なお,この理由説明にもかかわらず,リーダーはなおも助言を続けていこうとする(30)。しかしこの助言に割り込み,この助言を先回りして否定する形で,今度はBが,Dの述べたのとほぼ同じ言葉によってこれを否定していく(「言ってもだめ」)。Bはここで,助言を否定したDに対してなされているリーダーによるさらなる助言を,Dに代わって否定しているのである。

ここで注意したいのは,Dに代わって助言を否定するにあたり,Bはそれをどのような地位からおこなっているかである。この点は,否定に続けてBが述べているその根拠からわかる(31)。ここでBは,「言っても相手にな」らず「無駄だった」という自身の経験を述べている。つまりBは自身の経験を否定の根拠としているのである。したがってここでBは,これまでかたちづくられてきた同じ経験を持つ者としての地位に基づきながら[12],Dに向けられた助言をDに代わって否定しているのである。

そのうえでBは,自身の経験に言及しながら,助言の否定の根拠をさらに与えていく。自分の気持ちを言っても理解されず,「ヒステリー」を「起こ」すことによってようやく「わかってもらった」と。なお,ここで「ヒステリー」という語を用いていることに注意したい。これはもちろんかつての精神医学の用語だが,通常ならざる過剰な感情表出のことを言い表す俗語でもある。いずれにしても,この語を用いることによって自身の通常ならざる感情表出について述べていることがここでは重要である。なぜなら,自分の気持ちをわかってもらうのにこの語で言い表されるような,通常ならざる感情表出による以外に選択肢がなかったということを,Bが述べているからである。

したがってこの発言は,第一に,リーダーが練習や助言を通じて提示しうる通常の範囲内の行為の仕方によっては,気持ちをわかってもらうことは不可能であるということを意味している。すなわちここ

でBがおこなっているのは，リーダーが練習や助言のなかで示すふさわしい行為の仕方のひとつを（したがって別の選択肢を受け入れる余地を残しながら）否定することではなく，練習し助言を受けることを通じて身につけうるような行為の仕方をリーダーが示しうるということじたいを否定しているのである。このような否定とともに第二に，この発言は，周囲の受け止め方の不当性とその被害を訴えている。通常ならざる行動による以外には周囲から理解してもらえない——このような不当とも言いうる誤解を被っているということを，この発言は訴えている。そしてまただからこそ，修正が必要なのは自身の側ではなくて，誤解をしている周囲の側だ，ということを含意することになる。

　一方において，周囲とのすれ違いを資源として，周囲の理解を得るための助言と練習へとリーダーは導いていこうとしている。他方，Dに連携するかたちでBは，この同じすれ違いを，反対の方向に向けて捉えていく。すなわち，このすれ違いは，それに基づいて助言や練習がおこなわれるような自身たちの欠如を示すものではなく，むしろ周囲の誤解がもたらす問題として，したがって自身たちを誤解の被害者として捉えていく。このような捉え方を示すことを通じ，Bは，行為の仕方を修正すべく助言しまた練習へと導いていくリーダーの進み方に対して抵抗しているのである。

6　理解を要求する

　このような抵抗は，その後も続く。以下は，断片5に続く部分である。

　　【断片6】
　　32　A：あの，僕よく，言葉しだいでよく，自分は悪気がなくても，
　　　　　他人を傷つけてしまうことあるんです。それとか，区別が

どうもできなくて。相手の気持ちを考えることができないんです。それでまた誤解されるというか，そういうことが多いんです。

33 L：たとえばどういうこと，A君。その辺，まあ，さっきのねえ，体育の先生のことでもあったように。そのあたりで思いあたるフシでもあれば。

34 A：ああ，それとか，まあそれくらいです最近だと。だから僕，相手にとって傷つく言葉と傷つかない言葉の区別がどうも，苦手なんです。

35 L：ふーん相手に対してぇ，
　　傷つくか傷つかないか［っていう

36 A：　　　　　　　　　　　［自分は悪気がなくても

37 A：相手によっては傷ついてしまうみたいな。

38 L：たとえばどういうことなの。その辺がこう，わかってくると，練習課題に結びつけられるんだけど。なんかそういうフシとかある，なんか。最近，その体育の先生の時にあったような。

39 B：たぶん，SSTに，SSTに今来ている人たちってちょっとあの，言い方，ちょとあのー言い方悪いですけど，やっぱみんなに誤解されてきている人たちだし，やっぱみんなとはどっか違うから，それで今までいっぱい苦労してぇ，俺はそれは，やっぱり，先生とかに，先生にまず先生にわかってもらいたい。

40 B：一応，俺は先生にわかってもらっているから，いま，ちゃんとこう，生活できている。ほんとは先生たちもまだ，そういう俺らみたいな人たちをよくわかっていない。わかればちょっと違ってくる。

41 A：あの，それ聞いてて，ちょっと，すごい寂しくなりました。自分はひとりで。

42 L：そうだね。いまB君たちが言ったように，相手もわかるということが必要だろうし……

ふたたび自身の問題を述べ直していく A に対し (32-37)、リーダーは、A が体育教師から怒られた状況の詳細について質問をおこないながらこれを練習課題へと結びつけていく動きをみせている (33, 38)。

　ここでまず注意しておきたいのは、A が自身について語る語り方である。ここでは、先ほどの断片 1 にみられた、自身の対人的能力の欠如が再び述べられているようにみえる。しかし、その語り方は微妙ではあるが変化している。A は、周囲とのすれ違いにさいして自身には「悪気がな」いこと、にもかかわらずそれが周囲から「誤解される」と述べているのである (32)。つまりここで A は、周囲とのすれ違いを、周囲による誤解として、したがってすれ違いを周囲の人びとの誤解に由来するものと記述し直しているのである。このような再記述は、ヒステリーという語を用いながらなされた B によるすれ違いの捉え直しを踏まえ、それに一致する形でなされている（断片 5 の 31）。この意味で、A の再記述は、参加者の行為の仕方を取り上げてこれを修正していこうとするリーダーに抵抗していく B に対して、明示的に連携するとまでは言えないものの、これと矛盾しないものになっている。

　他方、A によるこうした再記述に対し、リーダーはその具体例を述べるよう求める (33)。A はこれに応じて答えるものの、リーダーによる同様の要求によって受け止められることになる (38)。つまりリーダーは同じ要求を繰り返すことを通じ、自身の最初の要求に対する A の答えの不十分さを告げている。そのうえでこの要求に対する十分な答えが得られたならば、SST の練習課題に結びつけることができると述べていく。したがってここでの十分な答えとは、練習課題の導入にとって十分な答えであることを意味している。言い換えるならばリーダーは、練習課題へと結びつけるべく A に具体例を語るよう求めているのである。そしてこのような進め方は、先に B が示した原因の捉え返しとそれに基づく抵抗——そして A の再記述もこれ

と合致するものである——と，明確に対立するかたちになっている。Bとそれに連携するAによる抵抗にもかかわらず，リーダーはここで，練習課題を導入すべく，参加者から困難の経験を聴き出していこうとしている。そしてそうである以上，問題は周囲の人びとの側にではなく，Aの側に，Aの行為の仕方の問題として，位置づけられ続けていることになる。

　このようにリーダーが，参加者の抵抗にもかかわらず練習課題に向かう体制を明示的に維持していくことを踏まえ，Bはふたたび抵抗を示していく (39)。Bはまず，参加者たちを「SSTに今来ている人たち」と呼んだうえで，この人たちはこれまでに「誤解されてき」た人たちであり，そのなかで「いっぱい苦労して」きたのだと述べる。そしてそれゆえに「先生」のような周囲の人びとによる理解の必要性を訴えながら（「わかってもらいたい」），その一方で自身は幸いにもそのような理解を「先生」から得ることができたと述べていく (39-40)。そしてAも，Bの示した立場——すなわち自身たちが誤解されてきたゆえに理解されることを必要としているとの立場——に加担していく。「ひとり」でいざるをえない自身の状態を嘆きながら，それを通じて理解されるべき存在として自身を位置づけているのである (41)。このようにみずからを位置づけていくことを通じ，参加者たちはリーダーの進み方に対して抵抗をかたちづくっていくことになる。それは次のようにしてである。

　リーダーは，その聴き取りを通じて導き出した参加者らの誤解の経験を，参加者の行為の仕方に由来するものとして，したがって練習によって改善がなされるべき参加者の能力の欠如を示すものとして，捉えようとしている。また，これを通じてリーダーは，SSTの練習を通じてこの欠如に対して働きかける専門的指導者としての位置を，確保しようとしている。ちなみにこうした参加者の位置づけは，発達障害者に対するSSTというこのセッションの公式のプログラムに合致したものではある。

しかし他方，セッションの参加者たちは，この誤解の経験をむしろ周囲の誤解に由来するものとして捉え直していく。したがって参加者たちは，練習によって働きかけを受けるべき，能力の欠如を抱えた者たちではない。このような能力の欠如の含意を免れる仕方として，「SST に今来ている人たち」という自分たちへの指示の方法が用いられているのである。そしてそのうえで，この自分たちを不当な誤解を被っている被害者として，したがって周囲からの理解を必要とする者たちとして，位置づけ直していくことになる。これに対応して，参加者たちのなかに欠如を見出そうとするリーダーは，むしろ理解を欠いた周囲の人びとと同一の位置へと捉え直されていく。

　実際，この B の発言において，「先生」という表現は，2 通りに区別して用いられているように思われる。一方は，B が恵まれたような理解ある「先生」であり，他方は依然として誤解をもち，したがって正しい理解を得る必要のある「先生」である。明示的にそう指示されてはいないものの，周囲とのすれ違いを周囲の誤解にではなく参加者の行為に仕方の問題に由来するものとして扱ってきたリーダーは，後者の誤解している「先生」として位置づけられているようにみえる。とするならば，リーダー自身が，参加者たちを誤解しており，正しい理解をもつことが必要である，ということになるだろう。そして，リーダーが「相手もわかるということが必要だろうし」と，練習に向かう態度から退いていることは，このことと無関係ではないように思われる (42)。

7　発達障害者を捉えなおす

　E. ゴッフマンは，集団的精神療法についてかつて次のようなことを述べていた。集団的精神療法は一般に，患者が自身の生活において生じた周囲への不満などについて受容的な雰囲気のなかで語ることをもって始まる。しかしセッションが進むにつれ，この不満は患者の問

題に由来するものとして捉えなおされ,そのような説得が患者になされていく。他でもなく患者を対象とする治療の前提となる,問題を患者のなかに位置づけていくこうした作業のことを,彼は「翻訳過程(translation process)」と呼んでいた[13] (Goffman 1961: 327)。

時代背景や扱う状況は大きく異なるものの,これまで検討してきた発達障害者に対するSSTのセッションの事例にもこの翻訳過程をみることができる。リーダーに導かれて語られた周囲とのすれ違いをめぐる参加者たちの経験は,参加者の行為の仕方の問題として,したがって参加者個人に由来する問題として,リーダーによって書き換えられていく。これによって参加者たちは,対人的能力の問題をもつ者として,発達障害の医学的概念と整合的なかたちで位置づけられていく。そしてこの翻訳が,SSTにおけるロールプレイの導入への根拠を与えていく。問題は参加者個人の行為の仕方に由来するのだから,それを練習することがふさわしい,と。こうして,専門家であるリーダーが,発達障害をもつ参加者たちにロールプレイによる練習を実施する体制が,整えられていく。

しかし,参加者たちの語った困難が,参加者個人の問題にもっぱら由来するものかどうかは自明ではない。参加者が語っていたのは,周囲の人びととのあいだで経験していたすれ違いであり,この意味において関係の問題だったからである。そして実際に参加者たちは,語りを通じて作り上げた困難の経験の共通性に基づき,これらを周囲からの誤解の経験としてあらためて捉えなおしていく。参加者たちの困難は,参加者個人の問題ではなく,この個人と周囲との関係の問題として,そのなかで被っている誤解の経験として,捉えなおされていくのである。これによって参加者たちは自身らを,対人的能力の問題をもつ発達障害者としてではなく誤解の被害経験をもつ者として,言い換えるならば練習させられるのではなく正しい理解を得る必要のある存在として,位置づけ直していく。このようにして参加者たちは,ロールプレイによる練習に抵抗していくことになる。

私たちは，自己と他者の関係を含むそのつどの状況について，これを一定の概念的連関のもとに把握しながら行為を作り上げる。行為はしたがって，自己と他者の関係についての把握を表示しており，この把握のもとに自己と他者をこの状況のなかに位置づけていくことになる。そしてこの位置づけは，それが行為として表されるものである以上，やはり行為を通して争いうるものとしてある。自己と他者をいかなる概念において位置づけるべきか，したがって自己はいかなる仕方で他者によって働きかけられるべき存在なのかが，そこでは争われうる。

　これまで記述してきた事例についても，このことがあてはまる。発達障害者のための SST において，そしてこの SST を成立させるべく，リーダーは，翻訳過程を通じて参加者を医学的な発達障害概念のもとに位置づけていく。他方，参加者は，この過程を通じて，それを利用しながら，自己を位置づけるこの概念を捉えなおしていく。すなわち，対人的能力の問題をその内にもつ者としての発達障害の概念から，周囲からの誤解を被ってきた者としての発達障害の概念へと。自己を位置づける概念をこのように捉えなおすことは，自己について知られている事柄と自己に対する働きかけ方とを改める試みであり，これを通じて自己のあり方をあらたに作り上げていく試みでもある。[14]

　このような自己のアイデンティティの捉えなおしは，それが発達障害という医学的概念とこれに基づく SST という制度的実践への抵抗となっている点において，医療への従属を批判的に捉える医療化論の視点と合致するものと理解できるかもしれない。しかし事態はもう少し入り組んでいる。すでに述べたように，この制度的実践における翻訳過程に依拠しながら，そしてそれをずらす形で利用しながら，アイデンティティの捉えなおしが成し遂げられているからである。むしろ医学的概念とそれに基づく制度的実践を不可欠な構成的契機としながら，発達障害者のアイデンティティを捉えなおすことがおこなわれているのである。

発達障害に関わる医学的診断が，その診断を付与される人びとにとってあらたな自己のアイデンティティと社会関係とを作りあげる契機となっていることについては，これまでも指摘されてきた（ニキ 2002; 綾屋・熊谷 2008）。同じ診断を得ること，そして診断に基づいて提供される制度的実践のもとに置かれることによって，診断を得た人びとは周囲との軋轢の経験を共有し，さらにはこの制度的実践をも乗り越えていくような仕方で，この経験を捉えなおしていくことも可能になる。この意味において，自己を呼び指すものとして医学的診断を受け止めるということは，かならずしも医療への従属として批判的に捉えられるべき事態であるわけではない。さらに言えば，このような診断を得ることこそが，当の診断概念と自己のアイデンティティとを捉えなおし，この診断概念と結びついた制度的実践をも改めていく可能性を提供していると考えることもできる。以上で検討してきた事例からは，このような可能性の存在を確認することができるだろう。[15]

　[謝辞] 収録に応じてくださった SST 参加者と保護者の皆さん，リーダーとセンター職員の方々に，感謝します。また，研究を進めるにあたっては，大竹伸治，船木昭夫，水川喜文，中村和生の各氏よりご助力とご助言をいただいた。なお，この研究は JSPS 科研費（22530562, 16H03091, 17K04142）の助成を受けている。
　[付記] 本章は，次の拙稿の改稿版である（「発達障害者のアイデンティティ」『社会学評論』第 64 巻第 3 号，492-509 頁，2013 年）。

【注】
[1]　この定義からもわかるように，発達障害概念は，生活技能と知的機能における発達の遅れを呼び指す多様な診断概念を下位概念として含む包括的概念である。なお，同法第 2 条第 2 項によると，発達障害者のうちとりわけ 18 歳未満の者を発達障害児としているが，本章ではいずれについても発達障害者として言及する。
[2]　ただし，このこととは別に，発達障害に含まれるそれぞれの障害が実際に

はどのような存在であるのか,たとえば人間のもつ概念から独立して存在する自然種(natural kinds)であると言いうるのか否かについては,あらためて検討する必要がある(Hacking 2009; Verhoeff 2012; 浦野 2016)。
[3]　ちなみにこの論点を本章の主題である発達障害について展開したものとしては Conrad and Potter(2000)がある。
[4]　障害の社会モデルがその記述分析において前提にしている批判的観点がかえって人びとによる障害経験とそれをめぐる実践の内実の把握を妨げていることについては,本書第 7 章に加えて G. デューズバリーらの指摘を参照(Dewsbury et al. 2004)。この点については筆者もかつて,医学モデルの多様な利用可能性について当事者研究の実践を題材としながら論じた(浦野 2018)。
[5]　実際の名称は自治体によってさまざまだが,多くは「発達障害者支援センター」という名称が用いられている。
[6]　筆者は 2006 年 4 月から 09 年 1 月にかけて,この施設において,SST を中心に参与観察と録音・録画をおこなった。本章で検討する事例もこのなかでのものである。
[7]　ちなみにアスペルガー障害や広汎性発達障害の診断概念は,アメリカ精神医学会による精神疾患の診断・統計マニュアル第 5 版(DSM-5;2013 年公表)と世界保健機関(WHO)による国際疾病分類の第 11 回改訂版(ICD-11;2018 年 6 月に公表,2022 年 1 月 1 日発効予定)のそれぞれにおいて,神経発達障害群(Neurodevelopmental Disorders)のひとつである「自閉症スペクトラム障害 Autism Spectrum Disorder」へと事実上包摂された。ちなみに自閉症スペクトラム障害の概念は,この 2 つの分類において大きな相違がないように考案されている。
[8]　SST の理論的枠組と実際の技法については Liberman et al.(1989=1992)が,また日本での展開については西園(2009)が,それぞれ参考になる。ちなみに,SST は日本では 1994 年 4 月に保険診療に組み込まれて以降,精神科リハビリテーション分野を中心に急速に普及してきている。なお,SST のセッションを構成する相互行為の特徴については,ロールプレイ場面を中心に,浦野(近刊)において検討している。
[9]　こうした宿題には訓練内容を参加者の実生活に沿ったものにするという意義がある(Liberman et al. 1989: 114ff. =1992: 142)。この事例でも,宿題は参加者の生活上の困難や課題を SST の俎上に載せる目的でなされていると考えてよいだろう。
[10]　プライバシー保護のため,参加者の名前をアルファベットで表記した(A から D までは SST セッションの参加者である高校生,L はセッションのリーダー)。同様の考えから,取材地域の特定につながる表現や特徴を改めた。なお,断片における下線部は発話の音声の強まりを,ブラケット([)は発話

のタイミングの重なりを，それぞれ指している。
[11] このあいだに D も，「僕も同じです」と前置きをしながら，教師からしばしば怒られることについて語っているが，本章では割愛した。
[12] 注 11 において述べたように，D も自身の周囲との摩擦の経験を語っている。そして断片 4 においてリーダーは，この語りを A および B の語りと共通するものとして明示している (26)。
[13] ゴフマンによると，この翻訳過程において医療者はその資源として医学モデルを用い，「患者の所有する（その意味で患者から分離可能な）問題を対象として医療者が患者に治療を提供する」形式に向けて現実を整序していく。しかしこの作業にはとりわけ患者と問題との分離をめぐる困難が含まれていることは，本章の事例からも明らかだろう。そして治療と強制的入院とが結合した精神病院においてこの困難は，翻訳過程に示す患者の反応を受けてさらなる入院治療が施されていくという逆説として姿を現すことになる (Goffman1961: 335; 天田 2015)。なお，こうした事情は，注 4 に述べたような医学モデルの別の使用可能性を否定するものではない。
[14] これは，H. サックスがアイデンティティ・カテゴリーの自己執行と，そして I. ハッキングが自己帰属的な種類の形成と呼んだ事態である (Sacks 1992; Hacking 1995a)。
[15] 人間を記述・説明する科学の概念がその対象となる人間へと折り返されて自己アイデンティティや行為の新たな概念を構成していく事態を，ハッキングはループ効果と呼んだ (Hacking 1995a)。そのねらいは，こうした科学的概念を前提として組織されている社会的現実のあり方，とりわけ既存の倫理的・道徳的判断をめぐる問題や対立の論理的前提を捉えることにある (Hacking 1995b, 2015)。しかしもしねらいがそうだとするならば，科学的概念がそれ以外のどのような概念に支えられながら具体的実践を組織しているのか，ハッキングが実際におこなってきた範囲を超えて把握していく必要があるだろう（浦野 2014）。本章が 1 つの事例のみに焦点をあててその展開を追ってきたのはこのような考えにもとづいてである。

【文献】

天田城介 (2015)「修理屋モデル＝医学モデルへのハマらなさこそが極限状態を招く —— アイデンティティの機能的差異をも論じたゴフマン」中河伸俊・渡辺克典編『触発するゴフマン —— やりとりの秩序の社会学』新曜社，188-216.
綾屋紗月・熊谷晋一郎 (2008)『発達障害当事者研究 —— ゆっくりていねいにつながりたい』医学書院.
Bagatell, N. (2010) "From Cure to Community: Transforming Notions of Autism," *Ethos*, 38(1): 33-55.

Conrad, P. and J. W. Schneider (1992) *Deviance and Medicalization: From Badness to Sickness*, expanded ed., Temple University.（＝2003, 進藤雄三監訳『逸脱と医療化』ミネルヴァ書房.）

Conrad, P. and D. Potter (2000) "From Hyperactive Children to ADHD Adults: Observations on the Expansion of Medical Categories," *Social Problems*, 47(4): 559-82.

Dewsbury, G., K. Clarke, D. Randall, M. Rouncefield and I. Sommerville (2004) "The Anti-Social Model of Disability," *Disability & Society*, 19(2): 145-158.

Eyal, G., B. Hart, E. Onculer, N. Oren and N. Rossi (2010) *The Autism Matrix: The Social Origins of the Autism Epidemic*, Polity.

Freidson, E. (1970) *Profession of Medicine: A Study of the Sociology of Applied Knowledge*, Harper & Row.

Goffman, E. (1961) *Asylum: Essays on the Social Situation of Mental Patients and Other Inmates*, Anchor Books.

Hacking, I. (1995a) "The Looping Effects of Human Kind," D. Sperber, D. Premack and A. Premack, eds., *Causal Cognition: A Multidisciplinary Debate*, Oxford University Press, 351-83.

―――― (1995b) *Rewriting the Soul; Multiple Personality and the Science of Memory*, Princeton University Press.

―――― (2007) "Kinds of People: Moving Targets," *Proceedings of the British Academy*, 151: 285-318.

―――― (2015) "On the Ratio of Science to Activism in the Shaping of Autism," Kendler, K. S. and J. Parnas, eds., *Philosophical Issues in Psychiatry III: The Nature and Sources of Historical Change*, Oxford University Press, 326-339.

Hart, B. (2014) "Autism Parents & Neurodiversity : Radical Translation, Joint Embodiment and the Prosthetic Environment," *BioSocieties*, 9(3): 284-303.

Liberman, R. P., W. J., DeRisi, and K. T., Mueser (1989) *Social Skills Training for Psychiatric Patients*, Allyn & Bacon.（＝1992, 池淵恵美監訳『精神障害者の生活技能訓練ガイド』医学書院.）

ニキリンコ (2002)「所属変更あるいは汚名返上としての中途診断――人が自らラベルを求めるとき」石川准・倉本智明編『障害学の主張』明石書店, 175-222.

西園昌久編 (2009)『SST の技法と理論――さらなる展開を求めて』金剛出版.

Oliver, M. (1990) *The Politics of Disablement*, Macmillan.（＝2006, 三島亜紀子・山岸倫子・山森亮・横須賀俊司訳『障害の政治――イギリス障害学の原点』明石書店.）

Rose, N. (2007) "Beyond Medicalisation," *Lancet*, 369: 700-1.

Sacks, H. (1992) *Lectures on Conversation*, Blackwell.

Singer, J. (1999) "'Why Can't You be Normal for Once in Your Life?' From a 'Problem with no Name' to the Emergence of a New Category of Difference," Corker M. and S. French, eds., *Disability Discourse*, Open University Press, 59-67.

――― (2016) *Neurodiversity: The Birth of an Idea*, Amazon Services International, Inc.

佐藤幹夫 (2007)『裁かれた罪――裁けなかった「こころ」』岩波書店.

浦野茂 (2014)「保健医療分野におけるエスノメソドロジー――診断をめぐるいくつかの論点について」『保健医療社会学論集』25(1): 10-16.

――― (2016)「「神経多様性」の戦術――自伝における脳と神経」酒井泰斗・浦野茂・前田泰樹・中村和生・小宮友根編『概念分析の社会学2――社会的実践の論理』ナカニシヤ出版, 7-26.

――― (2018)「ミクロ・ポリティクスとしての当事者研究」『フォーラム現代社会学』17, 202-215.

――― (近刊)「社会生活技能訓練の相互行為分析――相互行為における自閉症」山崎敬一編『EMCAハンドブック』新曜社.

Verhoeff, B. (2012) "What is This Thing Called Autism: A Critical Analysis of the Tenacious Search for Autism's Essence," *BioSocieties*, 7(4): 410-32.

Zola, I. K. (1972) "Medicine as an Institution of Social Control," *Sociological Review*, 20(4): 487-504.

3章
障害社会学の立場からの障害者スポーツ研究の試み
—— 「非障害者スポーツとしての障害者スポーツ」

樫田美雄

1 はじめに

(1) 第3章のねらい

「障害社会学」は，包括的かつ実践的な新しい学問である。それは，「障害学」の同位対立物ではない。「障害社会学」は，「リハビリテーション学」や「障害学」を包含する理論の構築を志向する。具体的には，社会のありようを設計できる程度を比較的大きめに見積もる「社会設計的／目的論的科学」である「リハビリテーション学」や「障害学」を相対化する"メタ科学"である。また，現実の意味の編成のあり方に注目する"実践学"でもある。したがって，「障害社会学」は，「リハビリテーション学」や「障害学」の前提を吟味しながら，より大胆に，かつ，精密に思考することができる。たとえば，「障害社会学」は，当該実践が「健常者文化への同化主義的志向性をもっているか否か」という観点を離れて，当該実践を評価することができる。また，現行法や人権思想に依拠しないで，「権利性の根拠に囚われない枠組」のもとで障害に関わる諸実践を位置づけることができる。本書はこの「障害社会学」のもたらす学的インパクトの大きさを，さまざまな領域で確認する思考実験本であり，この第3章では「障害者スポーツ」を思考実験の主たる対象にして，検討をおこなうものである。

本章の議論の枠組を総括的に表現したものが，下の「表1」である。

しかし，この表の内容を網羅的に述べることは，紙幅的に困難である。類似の表と議論を（樫田 forthcoming）にも掲載しているので，表1の全容については，そちらでの議論にゆずり，本章では，この表の中央部分に集中して議論を進めていくことにしよう。

表1 各障害者スポーツ研究の特徴別対比表 ──「①ルールによる設計主義の採否，②個人能力に対する符号変換的位置づけ，③健常者文化への同化主義との関係」別

	①ルールによる設計主義の採否	②個人能力に対する符号変換的位置づけ	③健常者文化への同化主義との関係
A 「障害者スポーツ1」（条件：障害者の参加）	ルール変更意図せず（属性主義）	無関心	△はっきりしない
B 「障害者スポーツ2」（アダプテッドスポーツ）	設計主義の採用	大マイナス→小マイナス	○同化主義
B' 「障害者スポーツ2&3」（両足義足の優位性）パラリンピック男子200mにおける「T44」（片足下腿義足）と「T43」（両足下腿義足）の逆転	現実が設計を超越	マイナス→プラス（アダプテッド≒エンハンスメント）	△はっきりしない
C 「障害者スポーツ3」（障害者水泳）	設計主義の採用	マイナス→ゼロ→閉域内競争（個人能力別クラス分け）	△はっきりしない
D 「障害者スポーツ3」（車椅子マラソン，盲人卓球）	設計主義の採用	マイナス→ゼロ→閉域内競争（道具別競技化）	△はっきりしない
E 「障害者スポーツ3」（車椅子バスケットボール）	期待外れの活用 思わざる効果による新ゲームの創造	ゼロ。個人能力の非個人化，多様性の価値化 チーム能力主義	△はっきりしない
F サイバスロン F' 超人スポーツ 例：マタサブロウ	イノベーション志向のルール設計による新ゲームの創造	ゼロ。競技性の創造 新能力文脈の創出 エンハンスメント	新規性の価値化 イノベーション志向

結果として，以下の見通しが得られた。第一に，障害者スポーツの多くは，そのルールや道具のかなりの部分を既存の健常者スポーツからの流用によってまかなっているが，そうであるからといって，既存のスポーツを障害者用に改変したものとだけ見なしてよいわけではないこと。第二に，したがって，流用したルールや道具が，新しい意味を帯びている可能性に留意する必要があること。たとえば，車椅子バスケットボールのコートの広さは，通常のバスケットボールと同じだが，車椅子に乗る義務がある車椅子バスケットボールにおいては，その車椅子の幅が人間の体の幅より広いがために，相対的にコートが狭くなっているということができること。そして，第三に，この新しい意味が発生している様相こそは，「障害社会学」的事象として分析するべき事象であるといえること。また，新しい意味連関は「サイバスロン」[1]や「超人スポーツ」[2]のように，意図的に創造されるものばかりではないこと。第四に，この車椅子バスケットボール等で発生している新しい意味連関は，障害者スポーツのルールと道具と参加者と競技実態との間に発生した，「思わざる効果的新しい意味連関」として分析できること。そして，このような意味世界の新創造は，人間中心主義的でない，弱い社会構築主義的な立場からの解明が有意義なものであること。これらのことが展望された。

(2) 議論の構図

　我々は，科学研究費等の支援を受けて，1998年頃から，各種の障害者スポーツの研究をおこなってきている。その成果の一部を紹介しつつ，最初の課題に挑みたい。

　結論を先取りすれば，障害者スポーツに対して「障害社会学」視点に立った見直しをすることは，これまでの「障害者スポーツ研究」に存在した「ルール改訂による設計主義的バイアス」を逃れるきっかけとなる。すなわち「アダプテッド・スポーツのような，設計主義的で健常者文化に対して同化主義的な障害者スポーツ」でもなく「サイバ

スロンや超人スポーツのような,イノベーション志向的に独自の面白さをもった障害者スポーツ」でもない,「思わざる効果的に,独自の面白さを持ってしまった障害者スポーツ」の類型が存在しうることを示すことになるのである。

そのような結論に向かって,本章ではまず,独自のおもしろさをもった「障害者スポーツ」を〈障害者スポーツ〉と定義することから始めよう。そして,その意義の考察をする際の補助線としては,「社会構築主義」の影響をうけた障害学の展開を使うのが有効だろう。この補助線を引くことによって,〈障害者スポーツ〉の実践においては,「非障害者スポーツとしての障害者スポーツ」の成立が起きており,その結果,しばしば「〈障害学的理想未来〉の先取り的達成」と呼べる事態が発生していることが,見出されるのである。さらに,考察を進めると,「非障害者スポーツとしての障害者スポーツ」の成立の仕方の3プロセスが区分され,そこからの考察によって,「スポーツの認識論的基盤の再編」および「障害の認識論的基盤の再編」と呼べるような事態が生じかけていることがわかったともいえるのである。つまりは「社会構築主義」を補助線にすることで,〈障害者スポーツ〉の潜在力の大きさが見えてきたといえよう。

2 「障害者スポーツ」の3種と「非障害者スポーツとしての障害者スポーツ」

(1) 「障害者スポーツ」の3種

障害者スポーツとはどのような意味を持ったスポーツなのだろうか。障害者スポーツ,およびその研究にはどのような可能性があるのだろうか。[3]

本章では,まず,障害者が参加する/したスポーツを樫田美雄(2000)および渡正(2012)にしたがって,3種に分けて考えることから始めたい。すなわち,障害者が参加する/しただけのスポーツとし[4]

ての「障害者スポーツ1」と，障害者が参加すること／実践することによって，オルターナティブ・スポーツとしての質を獲得した「障害者スポーツ2」と，ルールの改変や実践形態の変化によって，「非障害者スポーツとしての障害者スポーツ」としての質を手に入れた「障害者スポーツ3」の3種である。

　このうち，一番興味深く，探求に社会的インパクトがあるのは，どの「障害者スポーツ」だろうか。この点については，すでに渡正が『障害者スポーツの臨界点——車椅子バスケットボールの日常的実践から』（渡 2012）の第1章で詳述している。筆者は，渡と立場を共有しているので，以下，渡と同じ議論の組み立てで，主張をしていくことにしよう。

　まず，「障害者スポーツ1」は，判別性能が悪いので，除外される。この定義では，「障害者スポーツ」とそうではない「スポーツ」の区分が有意味な形でおこないがたいのだ[5]。現代では人間は，場面ごとに様々な自己表示をおこない，その自己呈示された諸個人の像の組み合わせとして，社会が成立しているが，「障害者スポーツ1」の立場は，そのような人間の自己呈示の多面性とフィットしない立場となっている。ある人が「障害者」という属性をひとたび持ってしまえば，自動的にその人のすべての活動に「障害者」という属性が効いてくると考えるのは，現代では無茶というものである。たとえば，スケルトンやボブスレーというような競技に手の指の欠損者が出ていても，それゆえ当該競技を障害者スポーツということはできないだろう。「障害者スポーツ1」の立場は，現実世界の障害者スポーツを分析する指針としては，あまり有効性を持たない立場であるといえよう。

　ついで「障害者スポーツ2」も，障害者スポーツ参加当事者のリアリティに寄り添うという観点からは，除外される。それは，ルールや道具の改変に着目して「アダプテッド・スポーツ」とも称される立場だが，樫田（2000）や渡（2012）が書いているように，結局のところ「障害者」を能力尺度上で低く位置づける立場になってしまっている。

すなわち,競技性を重視した近代スポーツ原理からは自由であったとしても,ぎりぎりのところで,「障害者／健常者」カテゴリー対の磁場から逃れることができていない。体力・運動能力が低い障害者のために,健常者がおこなうスポーツのルールを少し変えて実施するスポーツがあり,それが「障害者スポーツ」だ,というのが,この「障害者スポーツ 2」が持っている理解なのである。

しかし,「車椅子バスケットボール」を詳細に調査した渡が報告するように,現実の車イスバスケットボールプレーヤーは,「他者を障害ではなく持ち点によって分類」(渡 2012: 292) していた(車椅子バスケットボールでは,プレーヤーの姿勢保持能力の程度に対し,事前に得点が割り振られており,障害が重い場合は低い得点,軽い場合は高い得点となっている。そのうえで,コートでプレーしている 5 人全員の点数の合計が 14.0 以下となるように制限がかけられており,したがって,障害が重い個人がプレーに参加することは同時に,チームに合計点数上余裕を与える効果をもつことになる。次頁の表 2 の中央列の記載も参照せよ)。つまり,障害者スポーツ実践者は,しばしば端的に「スポーツ」をおこなっているのであって,「障害者仲間との競技」としてこの競技を見なしてはいなかったし,したがって,当然「アダプテッド(適応)」した「スポーツ」としても,この競技を見なしてはいなかったのである。とすると,スポーツ参加当事者のリアリティを把握して,その実践の様態を探るという観点からは,この立場も取ることができないことになる。

上記二つの障害者スポーツ理解に対し,「障害者スポーツ 3」の実践様態には,現代社会への適合性と研究の将来的な発展可能性がある。それは,「障害者スポーツの非障害者スポーツ化」を特徴とする(表 2 参照)。それは,たとえば,参加者全員にアイマスク着用という同じ制約を課すことによって(例:盲人卓球など),合計持ち点制の採用によって(例:車椅子バスケットボール),精密なクラス分け手続きによって(例:障害者水泳),それぞれの競技に参加する「障害者」を

表 2　非障害者スポーツとしての障害者スポーツは，どのように〈障害学的理想未来〉を先取りしているか──盲人卓球・車椅子バスケットボール・障害者水泳の 3 種目の比較

特質 ＼ 障害者スポーツの種目名	盲人卓球（現在はサウンドテーブルテニス）	車椅子バスケットボール	障害者水泳
対応する健常者のスポーツと対応する障害	卓 球 ↓ 視覚障害	バスケットボール ↓ 身体障害	水 泳 ↓ 各 種
採用されている障害者の非障害者化メカニズムとその影響	アイマスク着用の強制と各種発声義務 ↓ リズムスポーツとしての盲人卓球へ＆空間スポーツとしての盲人卓球へ	5 人の合計持ち点制(14.0 以下制限) ↓ 身体的な差異から「障害」という含意が消え個人の持ち点が戦術・戦略の創造資源となる	クラス分けを障害別泳力別に細かく ↓ クラス移動に関連した戦略が発生
〈障害学的理想未来〉の先取りスタイルと「インペアメント（欠損）」の意味の変化	障害関連能力の強制的無効化 ↓ 競技との無関連化。ゲームのおもしろさに気づく入口になる	集団的・体系的ハンディキャップポイント制の導入（障害の総量の均等化） ↓ チームの多様性の根拠として，偶然とイノベーションの母胎になる	障害別編成 能力別編成 （同種障害・同種能力への近似化） ↓ 認定根拠かつ，偶然とイノベーションの母胎になる

「非障害者」化する。本章では，この第三番目の観点からの障害者スポーツを〈障害者スポーツ〉として〈〉付きで表記し，主題として扱っていくことにしよう。つまり，「障害者スポーツ 3」の可能性を，「障害者スポーツ」全体の中心的可能性として考えていくことにしよう。

(2)　「非障害者スポーツ」とは障害者の障害を無効化した新スポーツである

我々は，2000 年 2 月刊行の『障害者スポーツにおける相互行為分析』において，「非障害者スポーツとしての障害者スポーツ」というカテゴリーを提案した（樫田 2000: 19）。このカテゴリーの意味は，概

略的には上述したようなものであるが、より精密に述べると、以下のようになろう[7]。すなわち、あるスポーツ種目において、そのスポーツのルールとスポーツ実践の閉域においては、他の世界では「障害」とされるような特徴を持ったゲーム参加者が、その特徴のよって来る所以としての「欠損（インペアメント）」に関連する社会的不利益（すなわち障害学的には「障害」）を無意味化されていて、かつ、そのことが関与者のいずれかによって強調され、さらにそのスポーツ種目が自立的展開をしていることがあるが、そのような場合に、そのスポーツ種目を「非障害者スポーツとしての障害者スポーツ」と呼ぶ、という言い方になるであろう（たとえば、泳力レベル毎にこまかくクラス分けされた「障害者水泳」は、この要件を満たしているように思われる）。この言い方の条件に「強調」が入っているのは、実は、この要件をなくしてしまえば、ほぼすべてのスポーツが「非障害者スポーツとしての障害者スポーツ」と呼べるものになってしまうからである。たいていのスポーツは、発声能力を必要としていないし、サッカーをする際には、手の運動能力はあまり問題にならないだろう。このように強調されていない場合には、それは少なくとも当該「欠損」に関しては「非障害者スポーツとしての障害者スポーツ」となっていないことになるのである。なお、「強調」がある場合には、この「強調」がルール作成者によってなされる場合もあるだろうし、スポーツ実践者によってなされる場合もあるだろう。しかし、そのいずれであっても、「障害」の無意味化の「強調」があれば、それは「非障害者スポーツとしての障害者スポーツ」ということになるのである。

　上記の議論を別様の言い方で表すと、以下のようになるだろう。本章で主題として取り扱う〈障害者スポーツ〉は、ただの「障害者が参加しているスポーツ」でもないし、単にパターナリスティックに、原型となる競技のおもしろさを障害者であっても享受できるように修正設計された「アダプテッド・スポーツ（適応スポーツ）」に過ぎないわけでもない。我々は「体験としてのおもしろさをもったスポーツ」、

「実践としての新規性をもったスポーツ」,「自立的に発展する自己成長力を持ったスポーツ」としての「障害者スポーツ」に注目する。そうした我々の視点からみれば,「全国障害者スポーツ大会」でおこなわれている諸スポーツ中のかなりの種目は,「障害」のくびきから逃れて,そして,新しいおもしろさの質を得て〈障害者スポーツ〉となっている。たとえ,ルールの主要部に既存のスポーツと比べて,大きな変更がないスポーツ種目であっても,ちょっとした工夫で「障害」のシステム的無意味化が達成され,競技の楽しまれ方にその競技らしい新規性が加えられている。これだけの要件が備わっていれば〈障害者スポーツ〉と呼ばれていいだろう。[8]

　たとえば,盲人卓球(2001年調査当時の競技名。現在の名称は,サウンドテーブルテニス)は,アイマスクの装着を全競技参加者に強制することで,視覚能力の不足という「欠損」が,社会活動(ここでは,盲人卓球というゲームへの参加)上の不利益につながることを防止している(障害の無効化)。

　さらに,サーブ時に,サーバー側とレシーバー側の両者に「いきます－はい」という呼応した事前発声が義務づけられていることは,それだけを見れば,視覚障害者への「適応(アダプト)」ともみえるが,盲人卓球が,全員がアイマスクの着用を強制されたゲームである以上,ゲームのルールの閉域の中では,この発声の義務づけは,視覚障害者への配慮ではなく,参加者の当然の義務であることになっているといえよう。そして,この発声義務は,盲人卓球に新しいおもしろさを提供する。すなわち,盲人卓球に「リズムスポーツ(リズムをコントロールすることで勝負が決するスポーツ)」としての質を強く与えてくれるのだ。発声義務があるがゆえに,発話のタイミングをずらして相手を混乱させる実践が思いつかれ,そして,実際になされているからである。

　この項の議論をまとめよう。確かに盲人卓球の最大の特徴は「アイマスクの強制」[9]であるが,盲人卓球というゲームの構成的ルール[10]とし

て機能しているものには,上記のようなマイナーなものもあるのであり,そこまで見てみると,盲人卓球が〈障害者スポーツ〉であると言えるようになるのである。[11]

3 「非障害者スポーツとしての障害者スポーツ」の発見は障害研究の未来をどう開くのか

(1) 「障害者研究」の現況を社会構築主義論争史から理解する

確かに「インペアメント(欠損)の意味を問い直す障害文化運動への注目」,すなわち,「文化としての障害視点の重要性の指摘」は,すでに石川准によって,2002年刊行の『障害学の主張』の中でなされている。このように障害者差別問題をインペアメントの意味を再考する水準から考えるべきであるという指摘は,日本では青い芝の提起以来なじみ深いものであって,その意味では,イギリスの障害学の展開を先取りしていたということもできる(石川ら 2002: まえがき ; 1 章)。

とはいえ,英国出自の障害学の主要な流れの中で,まずは,社会的な不利益としての「障害」部分の解消こそが課題であったのであり,たとえ「インペアメント(欠損)」が残っても,それに伴う社会的不利益が解消されるのなら,問題は極小化されるという理解が一般的だった。ところが,不当な不利益部分(障害部分)が解消したあとに残るものとしての「インペアメント(欠損)」は,自然で本質的なものなのだろうか,という疑問がラディカルな社会構築主義の思考の中から出てくる。そこを疑わなくては,結局,現行の秩序の補完物になってしまうのではないか,という思考が生まれてくるのである。「残るものと残らないもの」「自然なものと構築されたもの」という組み合わせ自身が,社会的な構築物であるとして,検討の俎上に挙がってくることになるのである。

樫田(2013b)の「社会と文脈を重視する理論」は,この障害学の現代的展開の前後を,すなわち「社会的不利益の解消のみを問題とす

る障害学」と,「「欠損と障害の相互規定性」を主張する障害学」を対比し,前者から後者への展開を理解するのには,社会構築主義論争史を知ることが有益であることを主張した(樫田 2013b: 177f)。また,フェミニズムにおいても,障害学においても,精神障害者解放運動においても,類似の方向での展開が起きており,その背後には,「社会的なるもの」のリアリティが薄れていくという現代社会の変化が共有されているだろうことも示唆した(樫田 2013b: 183)。具体的には,個別の差別の社会構築性を主張する少し古い社会構築主義から,カテゴリー体系全体の構築性に基づいて差別現象の解明をしようとする新しい社会構築主義への展開が社会構築主義の議論上で存在し,その理論的展開とパラレルな形で,フェミニズムや障害学での議論の展開も起きていると指摘した(フェミニズムの場合は,財や権利の不均等配分問題から,性の体制全体の編成問題に議論が展開してきているし,障害学の場合は,上述のように,欠損に社会的不利益が伴うことについてだけの問題視から,ある欠損を欠損と見なす認識論的基盤の問題性が検討されるようになる展開が生じてきている)。

(2) 〈障害学的理想未来〉の達成としての〈障害者スポーツ〉

　前項の議論を受けて,〈障害者スポーツ〉の可能性を考える際には,まずは,〈障害学的理想未来〉の先取り的達成が,〈障害者スポーツ〉で起きていることの確認をしなければならない。とすると,まずは,〈障害学的理想未来〉とはどういう事態かの確認が必要だ,ということになろう。では,その議論から始めよう。

　〈障害学的理想未来〉を考える際には,(初期の)障害学が,障害(ディスアビリティ)をどのように考えたかを把握する必要がある。[12]日本における障害学研究の最初の書物である『障害学への招待』において,編者の一人である長瀬修は,障害について,英国の「隔離に反対する身体障害者連盟(UPAS)」の定義として以下のように述べている。すなわち,ディスアビリティ(障害)とは「身体的なインペアメント

を持つ人のことを全く,またはほとんど考慮せず,したがって社会活動の主流から彼らを排除している今日の社会組織によって生み出された不利益または活動の制約」(UPIAS 1976: 14; 佐藤久夫 1992: 26-27) である(石川・長瀬編 1999: 15)。この考え方は,障害理解に関する「医学モデル」から,「社会モデル」への革新であった。従来,障害の規定因とされていた身体的な欠損(インペアメント)から,障害の規定因としての位置づけを奪い,身体的な欠損そのものが,障害なのではなく,その欠損が十分社会的に考慮されていないこと,そのために障害者が社会的不利益を被っていることが障害なのだ,と長瀬たちは,すなわち,障害学は言うのである。

ところで「障害学」は,社会運動的側面を持っており,したがって,上記のような障害の捉え方は,現状認識であると同時に,未来展望(ディスアビリティの解消という未来への展望)でもあった。

さて,ここまでをまとめると以下のようになるのではないだろうか。すなわち,とりあえず〈障害学的理想未来〉とは,「インペアメントの解消とは無関係に,ディスアビリティの解消を達成した未来の状態」であると定義できよう(表2)。そして,このように〈障害学的理想未来〉を定義してみたとき,〈障害者スポーツ〉は,〈障害学的理想未来〉の達成には,様々なスタイルがあり得ることを例示する根拠になるのではないだろうか。そして,同時に,それぞれのスタイルには,それぞれ固有の困難と可能性があることも示唆されているのではないだろうか。次の項では,表2の解説の形でこの多様性を扱おう。

(3) 〈障害者スポーツ〉における〈障害学的理想未来〉の達成の多経路性

まずは,「盲人卓球」から行こう。盲人卓球における「障害者の非障害化メカニズム」は,アイマスク着用の強制とサーブ時の発声の義務づけ等で記述できる。そして,これらの道具立てが十分機能した場合,視覚による認知能力の多寡は,競技成績への関連性を失うといっ

ていいだろう。その一方で、おそらくは「思わざる効果」なのだろうが、競技としての「盲人卓球」は、「リズムスポーツ」および「空間スポーツ」としてのおもしろさを獲得する。ゲームの途中で、緩急をつけて球を打ち返すことは、視覚による認知ができない環境では、視覚による認知ができる環境の何倍もトリッキーな行為となる。また、見えないことを利用して、サーブ時に、指定された発声をする場所と、球を打ち出す場所を変えて、相手を混乱させることができる。こちらには、「空間スポーツ（2次元あるいは、3次元の空間の広がりを利用して競技を成立させるスポーツ）」としてのおもしろさがあるだろう。

　次いで、車椅子バスケットボールについてみてみよう。車椅子バスケットボールでの非障害者化メカニズムは、同時にフロアに出ているチームメートの持ち点の合計を14.0以下に留まらせることである。その結果、重い障害（移動、体幹保持等の困難さ）のある個人の点数は低いので、障害が重いプレーヤーは、チームに点数の利用可能幅を多く残すことで、チームの競技力の強化に貢献することができる[13]。この「障害に対応した点数の総量規制システム」の結果、複数のチームは、いろいろな違ったパターンで、同じ総点数となることになり、そのパターンごとに違った戦略が可能となる。このように考えると、このシステムは戦略の多様性の基礎ともなり得ているようだ。

　最後に、障害者水泳について考えることにしよう。障害者水泳での非障害者化メカニズムは、クラス分けを障害別や泳力別に（ある程度）細かく実施することである。その結果、建前的には、障害および泳力の近似された小集団の中で競技がおこなわれることになり、競技をする個人にとっては、「インペアメント（欠損）」の程度は、競技に対して限定的な影響しか与えないことになる。なお、公平性を確保するために、泳力の近似するもので競技のクラスを作る操作を厳密におこなえばおこなうほど、競争相手が減り、競技性が失われるという「クラス分けのパラドックス」を、理論上は考えることができるが、実際には、競技としてのおもしろさをなくすほどには、このパラドッ

クスは機能していないようだ。おそらくは、一回一回の試技ごとの結果が適当にばらつくことや、泳力の測定というものが、特定の泳法に依存しておこなわれるため、泳法イノベーションによるタイムの短縮効果を十分には予期できないものとなっていることが影響しているのだろう。車椅子バスケットボールの場合と同様に、障害者水泳においても、障害の非障害化メカニズムが、偶然とイノベーションの母胎として、それぞれの種目に「予期不能性」としての「競技性」を担保しているようだった。

では、3種の競技が、上記のような違った形で「障害の非障害化」を達成していることから、我々は何を考えることができるだろうか。

まずは、「欠損と障害の相互規定性」という考え方をベースに考えると、3種の種目は、3種3様に「障害の非障害化」メカニズムから、ゲームのおもしろさの供給を受けていた。盲人卓球では、リズムスポーツとしての側面や空間スポーツとしての側面が、このメカニズムによってもたらされていたし、車椅子バスケットボールでは、戦術・戦略の多様性がこのメカニズムから生み出されていた。前者では、視覚障害という「欠損」は、ゲームのおもしろさへの入口として意味づけられているようだ。また、後者では、諸「欠損」は、それぞれの「点数」という個性を与えられて、チームとしての戦略の基盤となっていた（点数の配分のやり方で速攻型のチーム編成になったり、3ポイントシュートを多用するチーム編成になったりする差異が生まれることが予想できるのである）。これは、「欠損」の意味変容が、「障害」の意味変容によって引き起こされた例として考えれば、社会構築主義の最新の成果とも連動する事実であるといえよう。

次いで、3種3様の「障害の非障害化」メカニズムが、「スポーツ」研究に与えるインパクトを検討してみよう。表2をもとにした検討から、スポーツゲームのおもしろさが、勝ち負けがあるということよりも、その勝ち負けに至るプロセスにおいて、どのようなイノベーションや偶然の作用があるかということに依存して存在していることが

見えてきた。これは，個人的な思い込みではない。障害者水泳のクラス分けは，都道府県大会レベルでは50クラス以上にもなり，結果として同クラスで競技する競技者が2または3名ということも頻繁に起きてくる。それでも，競技者は，ゲームにおもしろさを感じ続けている。この実態が指し示していることは，競技スポーツにおいてすら，スポーツに参加する当事者にとってのスポーツの魅力の内実が，卓越志向のみによっては埋め尽くされていないということだ。個別の場所と時間で実施される競技には，いまそこでおこなわれていることの「固有性」・「個別性」があるが，その「一回性」が，当事者によって楽しまれている可能性が示唆されたのだといえよう。「非障害者スポーツとしての障害者スポーツ」を丁寧に検討するのなら，「リハビリテーション性」対「競技性」という2項対立では捉え損なってしまう質をうまく拾い出せるように思われ，そこから「スポーツ研究」の新展開を図ることができるように思われた。

(4) 「障害者スポーツ2」と「障害者スポーツ3」の関連性／連続性

　じつは，スポーツのルールの変わらなさは，思いも掛けない形で，スポーツに新しい意味を与えることがある。たとえば，野球でいえば，一般的に打者の体格が向上し，打撃のパワーがアップする状況の中では，球場の大きさに関するルールに変更がないことは，打った打球がホームランになる可能性を増大させることになり，攻撃や守備に関する戦略のありように影響を与えていくことになるだろう。

　おなじように，「障害者スポーツ2」（アダプテッド・スポーツ）として成立していた競技が，そのままの形で「障害者スポーツ3」（新しい意味を帯びた障害者スポーツ）になることがある。たとえば，「表1」の「B'「障害者スポーツ2&3」」の欄に記載したように，リオデジャネイロでのパラリンピック男子200mでは，「T44」（片足下腿義足）と「T43」（両足下腿義足）の2つのカテゴリーのアスリートが同じ競技を戦ったが，女子とは異なり，T43のアスリートのほうだけで，

第 1 位から第 5 位までが独占されていた。つまり,男子であっても 100m 走においてはまだ「T42」と「T43」が拮抗しているが,少なくとも男子の 200m 走では,少なくとも世界大会レベルでは,両足がともに炭素繊維のブレードである選手のほうが,片足だけがブレードである選手よりも有利なようなのである(遠藤 2016)。

我々は,「障害者スポーツ 2」を,アダプテッド・スポーツ,すなわち,健常者文化に横並びになることを志向したスポーツであるとして議論を組み立ててきたが,そのつもりで準備した道具(義足)であっても,このように,新しい走法を産み出し,新しい高速ランの土台になることがあるのである。「障害者スポーツ 2」と「障害者スポーツ 3」の間隔は思いのほか小さいというべきだろう。

4 おわりに――〈障害者スポーツ〉研究から障害社会学を考える

ここまでの議論をもとにすれば,〈障害者スポーツ〉研究に,以下のような「障害社会学」に関する可能性を切り拓く質があると結論づけることができるだろう。

①まず第一に,〈障害学的理想未来〉の先取り的達成が多様な手段でなされていることが確認できたことから,スポーツというルールの閉域でない場合であっても,多様な手段が〈障害学的理想未来〉の達成に向けて有効である可能性があることが示唆されたといえるだろう。

　たとえば,通信手段を用いた在宅勤務が当たり前になってしまえば,「通勤時の移動に障害がある」というような身体障害や「対面時のコミュニケーションに障害がある」というような感覚器障害に関しては,障害としての意味がほとんどなくなるということを想像してもよいように思われるのである。

②ついで第二に,〈障害学的理想未来〉の先取り的達成が,「インペ

アメント（欠損）」に与える意味上の変化を検討し，実際に「インペアメント（欠損）」がニュートラル化し，多様性の根拠として価値づけられることがあること，その多様性がイノベーションの母胎となることもあることを我々は確認したが，そこから「障害社会学」について考えることができることもいろいろとあるだろう。[12]

　ただし，この②の論点に関しては，「インペアメント（欠損）」が「イノベーションの母胎」になることを，〈障害学的理想未来〉に関連したものとして扱い続けてよいのか，という点に，疑義があることをも述べておくべきだろう。少なくとも多様性やイノベーションの根拠として「インペアメント（欠損）」が「直接に」取り扱われる場合には，「社会モデル」が力を発揮するというストーリーにはうまくフィットしないように思われ，そうすると，〈障害学的理想未来〉というような議論を持ってくることも不適になるのではないか，と思われるのである。

　たとえば，車椅子バスケットボールの場合，「個人のパフォーマンスの差異に基づいた，メンバーの点数の，チームでの合計点レベルでのキャップ制」は，「社会モデル」とはいえないのではないだろうか。つまり，車椅子バスケットボールのメンバーポイントのキャップ制については，欠損（インペアメント）が，そのままで資源となっているからである。渡のまとめを利用すると以下のようにいえよう。

　　各人のインペアメントは，「できないこと」としてではなく「できること」として持ち点化されることで「できなさ」としてのインペアメントではなくなる。（渡 2012: 176）

　つまり，この制度の下では，メンバーの「インペアメント」は「できなさ」としての質を失っているので，「社会による困難の解消」という道筋がもはや存在しなくなっているようにみえるのである。そう

考えるのならば,もはや「社会モデル」の議論を当てはめることはできないのではないだろうか。

同様に,「表1」の最下段で紹介した『超人スポーツ』で開発中の競技のひとつである「マタサブロウ」の場合もまた,「社会モデル」の範囲を超えた実践としての位置づけを与えるのが妥当であるように思われた(超人スポーツ協会 n. d.)。協会のHPによれば,「マタサブロウ」という新競技は,以下のように紹介されている。「岩手の代表的な作家,宮沢賢治の『風の又三郎』をモチーフにした風を操るスポーツ。強風の出るハンディタイプの『ブロウ』を操作しながら『大玉ころがし』ならぬ『大玉浮かし』の要領で1m強の大きさの風船を浮かせて運び,リレー形式で一定距離を競走する。……目に見えない風の流れを読んで上手く操作する感覚が勝敗を分ける。」ここで「勝敗を分ける」と言われているのは「目に見えない風の流れを読む」力だが,そんなものが,人間の能力として評価されてきた歴史はほとんど存在しないのではないだろうか。ポイントは,これまでの人類で,掌から風を出しながら風船を移動させたものは一人もいないということだ。このようなまったく新しい能力を人間に与えて(これは,人間の能力拡張,すなわち,エンハンスメントの一種であるといえよう),その新しい能力を基盤にして,距離とかスピードを競う新競技を開発した場合,もともとの「できなかった状況」が存在しないので,「社会モデル」を当てはめるのはかなり難しいのではないだろうか。[13]

本章では,障害者スポーツ研究をまず3種に類別し,そのうち,当該スポーツ独自の意味世界を持っているものを「障害者スポーツ3」として分類し,それを「非障害者スポーツとしての障害者スポーツ」と命名したうえで,検討してきた。結果として,アダプテッド・スポーツとして開発された「障害者スポーツ2」にも,独自の意味や価値を持ち始めているものとして〈非障害者スポーツ〉と呼べるものがありそうなこと,また,〈非障害者スポーツ〉の独自の意味や価値を分析するためには,実際のプレーの状況やそこでの意味連関の様相

を検討しなければならないだろうことがわかった。さらに、〈非障害者スポーツ〉の意味世界においては、「インペアメント（欠損）」の意味が大きく改編される〈障害学的理想未来〉が先取りされている場合があることがわかった。このような興味深い展開をしている以上、障害者スポーツ研究については、障害社会学の立場から、さらなる探究が図られるべきであると思われた。そして、この領域の研究がさらに進展するのならば、その研究の成果を障害研究に全体化することや、スポーツ研究に全体化することが可能であるように思われた。続けての研究の継続を期したい。[14]

[謝辞] この第3章は、（樫田 2013a）をベースに、大幅に加筆修正を施したものである。初出誌である『現代スポーツ評論』からの転載を許諾して下さった創文企画には深く御礼申し上げたい。

【注】

[1]　サイバスロンとは、義肢等の道具と人間の協調によって、あらかじめ設定された課題を競う観点から開催される障害者スポーツ大会である。第1回大会がスイスのチューリッヒで2016年10月8日におこなわれ、第2回は2020年に開催の予定である。

[2]　人間の身体能力を補綴・拡張する人間拡張工学に基づいて、創造された新たなスポーツが超人スポーツである。この新たなスポーツは、「超人」がテクノロジーを自在に乗りこなし、競い合う「人機一体」をモットーとし、スポーツそのものの拡張をも目指している。一般社団法人超人スポーツ協会が行政とも結びつきながら活動を主導している。

[3]　本章では、「障害者スポーツの可能性」と「障害者スポーツ研究の可能性」という二つのフレーズを、実質的に互換可能性があるものとして用いる。エスノメソドロジー・会話分析研究は、その研究上の立場として、研究者が見出す「エスノ・メソドロジー」、すなわち「ひとびとの・方法」は、研究者の創作物ではなく、人々の日常的実践でもあるという立場を取っており、筆者もその立場をここで踏襲しているからだ。〈障害者スポーツ〉を楽しむ人々は、そのそれぞれが秩序創造者として、スポーツの楽しみ方、おもしろがり方を日々創造し、実践している。研究者の報告はその創造の追認でしかない。

[4]　この種別は、対象としての「障害者スポーツ種目」の属性であるというよ

りは，分析視点というべきものである．つまり，同じ「車椅子バスケットボール」であっても，三つの視点で「障害者スポーツ」として扱えるということである．

[5]　たとえば，「安打製造機」と呼ばれた張本勲の右手の指のいくつかは欠損していたという（張本 2013）．しかし，だからといって，日本のプロ野球が「障害者スポーツ」としての質を得たわけではない．

[6]　ここで障害者を，健常者化すると表現していないことに注意して欲しい．［障害者／健常者］というカテゴリー対ではなく，［障害者／非障害者］というカテゴリー対を導入することで，自らの「欠損」に対して社会的な「障害」を受けないニュートラル化された存在としての「非障害者」カテゴリーの導入が可能となり，その結果，［健常者／非障害者（生活の別の側面では障害者かもしれないが，当該のスポーツを実践している際には非障害者であるような障害者）］というカテゴリー対の想定も可能となる．すなわち，ある種の障害者スポーツは，障害者も健常者も，そのスポーツルールの閉域の中で「障害」が有意味でなくなる（レリバントでなくなる）ことが起きているが，そのことがこの見方で記述可能となるのだ．

[7]　ここでの定義は，樫田ら（樫田 2000）のものとは少しく異なっている．19年間の思考の蓄積の結果として，必要な修正が施されている．

[8]　金澤ら（金澤・樫田・岡田 2003）で研究した「聾者バレーボール」のように，外形的ルールだけをみれば，健常者のおこなうバレーボールとほとんど同じに見える競技であっても，プレーの優劣に関わる戦術の重要な部分で，手話によるコミュニケーションがゲーム運行の実際を支えていたようなものがあり，実際のスポーツ実践の状況を詳細にみてみれば，〈障害者スポーツ〉と呼べるものがある．具体的には，聾者チームは，戦略的会話を（対抗するチームに情報流出しにくい）日本手話でおこなっていた（金澤ら 2003: 458）

[9]　山梨県発祥のスルーネットピンポンは，盲人卓球のルールから，この「アイマスクの強制」というルールを除外して，健常者も弱視者も参加できる「バリアフリーなニュースポーツ」として成立しているという．障害者スポーツの世界では，このような競技の分化や進化が頻々に起きており，社会学の研究対象として大変に興味深い．

[10]　ゲームの構成的ルールとは，そのゲームをまさしくそのゲームにしているところのルールのこと．Garfinkel（1963）での「構成的期待」の議論に基づいて，その意義を述べることもできるだろう．あるいは，Rawls（1955＝1979）における議論，すなわち，ゲームに先行している諸ルールが，個人にそのゲームへの参加を可能にしているという議論を援用してもよいだろう．

[11]　我々のインタビュー調査によれば，このサーブ時の発声は，盲人卓球に「空間スポーツ」としての質をも与えていた．すなわち，わざとサーブを打つ

エンドライン上の場所とは逆の側から発声することで、レシーバーの予期を混乱させる戦術があると当事者は言うのである（樫田 2000: 21）。なお、このような「盲人卓球ゲームのおもしろさ」が、あらかじめ設計されていたものではなく、人々のゲーム実践の中で培われて練り上げられた戦術であると思われる点にも、注意を喚起しておきたい。技術や戦術の発展によって、〈障害者スポーツ〉は、日々、より新しいスポーツに更新されつつあるのである。

[12]　この部分を、もう少し丁寧に述べると以下のようになる。通常「障害学」は、「障害の社会モデル」によって特徴づけられる。それは、障害を個人の属性として見なす「医学モデル」を批判するものとして提起されたとされ、「「障害」を、個人的な属性としてのインペアメント（身体的・精神的・知的な欠損）と社会の中でうみだされるディスアビリティ（不利益や制約）に区別し、後者こそが障害者が経験する困難の原因だとみなす」（後藤 2010: 80）ラディカルな考え方であるとされている。

[13]　「超人スポーツ協会」のHPには、参加者に関して「老若男女、障碍の有無に関わらず、すべての人が一緒にスポーツを楽しみ、人と人との垣根を超える」（超人スポーツ協会 n. d.）とあり、また、「超人スポーツ協会」は、障害者をはじめとするマイノリティや福祉そのものに対する「心のバリア」を取り除こうとする『超福祉展』ともタイアップしているので、「障害者スポーツ」を意識した活動をしていることは明らかである。にもかかわらず、その活動が「社会モデル」的でないとしたのなら、そのこと自身が探究の課題であるということになろう。（日経BP総研社会インフララボ編 2018）をも参照せよ。

[14]　文化には、秩序創造的・意味創造的側面（ポエティクス的側面）がある。今回の論考では、〈障害者スポーツ〉のこの側面に注目してみたとも言えるが、この側面が社会的に意味をより多くもつに至っている背景には、現代における社会構造や自我構造の変動等も関係していると予想される。より詳しくは、小川（1999, 2009）および阿部・樫田・岡田（2001）を見よ。なお、3つの種目における「非障害化」のスタイルの違いは、〈障害学的理想未来〉が達成されても、それが、欠損の意味変容に大きく繋がる場合（①盲人卓球、②車椅子バスケットボール）とそうならない場合（③障害者水泳）があることを示しているが、障害者水泳の場合であっても、競技スポーツの面白さとは何か、という問題に関しては、大変に示唆的である。すなわち、「スポーツの認識論的基盤の再編」に貢献する力を持っている。

【文献】

阿部智恵子・樫田美雄・岡田光弘（2001）「資源としての障害パースペクティブの可能性——障害者スポーツ（水泳）選手へのインタビュー調査から」『年報筑波社会

学』13: 17-51.（https://www.tulips.tsukuba.ac.jp/dspace/handle/2241/108048 にて公開中．2013 年 10 月 21 日確認）

遠藤謙（2016）「片足義足と両足義足，どちらが速い？　障害の重度，各戦略と競技の公平性」『スポーツイノベイターズ Online』（日経 BP 社のメールマガジン，https://tech.nikkeibp.co.jp/dm/atcl/column/15/091200067/091600002/，2018 年 10 月 17 日確認）

Garfinkel, Harold（1963）"A Conception of, and Experiments with, 'Trust' as a Condition of Stable Concerted Actions", Harvey, O. J.（ed.）*Motivation and Social Interaction*, New York; Ronald Press, 187-238.

後藤吉彦（2007）『身体の社会学のブレークスルー——差異の政治から普遍性の政治へ』生活書院．

後藤吉彦（2010）「テーマ別研究動向（障害の社会学）」『社会学評論』61(1): 79-89.

張本勲（2013）「人生の贈りもの　張本勲 1」『朝日新聞』（2013 年 10 月 7 日夕）（聞き手・三ツ木勝巳）．

石川准・倉本智明編（2002）『障害学の主張』明石書店．

石川准・長瀬修編（1999）『障害学への招待——社会，文化，ディスアビリティ』明石書店．

金澤貴之・樫田美雄・岡田光弘（2003）「障害者スポーツはなぜ『面白い』のか？——聾者バレーボールにおけるコミュニケーションの編成」『群馬大学教育学部紀要　人文・社会科学編』52: 449-59.

樫田美雄（2006）「フィールド研究の倫理とエスノメソドロジー——社会リアリティの変化と社会理解ループの変化」平英美・中河伸俊編『新版　構築主義の社会学——実在論争を越えて』世界思想社，260-84.

樫田美雄編（2000）『障害者スポーツにおける相互行為分析——平成 11 年度徳島大学総合科学部社会調査実習報告書』『社会調査実習報告書』刊行プロジェクト（http://kashida-yoshio.com/zemironshu/4/zemironshu_4.html，にて公開中．2019 年 1 月 31 日確認）

樫田美雄（2013a）「〈障害者スポーツ〉の可能性」『現代スポーツ評論』29: 38-51.

樫田美雄（2013b）「社会と文脈を重視する理論」やまだようこ・麻生武・サトウタツヤ・能智正博・秋田喜代美・矢守克也編『質的心理学ハンドブック』新曜社，171-86.

樫田美雄（forthcoming）「〈当事者宣言〉の社会学・総論」樫田美雄・小川伸彦編『〈当事者宣言〉の社会学』東信堂．

日経 BP 総研社会インフララボ編（2018）「超福祉　インクルーシブ・デザインの現場」日経 BP.

小川伸彦（1999）「保存のかたち——文化財・博物館の社会学のために」『奈良女子大学社会学論集』6: 229-35.

小川伸彦（2009）「宝物・国宝・文化財——モノと象徴のポリティクス／ポエティクス」大野道邦・小川伸彦編『文化の社会学』71-89.
Rawls, John（1955）"Two concepts of rules" *Philosophical Review*, 64: 3-32.（＝1979 深田光徳訳,「二つのルール概念」, 田中成明編訳『公正としての正義』木鐸社, 289-335）.
坂井理恵（2001）「車椅子テニス場面に見るスポーツ実践の研究」樫田美雄編『現代社会の探究』徳島大学総合科学部社会学研究室, 43-62.（http://kashida-yoshio.com/zemironshu/6/zemironshu_6.html で公開中．2019 年 5 月 21 日確認）
佐藤久夫（1992）『障害構造論入門——ハンディキャップ克服のために』青木書店
平英美・中河伸俊編（2006）『新版 構築主義の社会学——実在論争を越えて』世界思想社.
超人スポーツ協会（n.d.）「競技一覧♯11 マタサブロウ」（https://superhuman-sports.org/sports/matasablow.php で公開中．2019 年 2 月 1 日確認）
UPIAS（1996）"Fundamental Principles of Disability" London, UPIAS.
渡正（2012）『障害者スポーツの臨界点——車椅子バスケットボールの日常的実践から』新評論.

4章
何が知的障害者と親を離れ難くするのか
—— 障害者総合支援法以降における高齢期知的障害者家族

染谷莉奈子

1 はじめに

　障害者総合支援法（2013年施行）の下，親元を離れるための資源の調達が可能となり，生まれ育った地域での生活も制度上保障されるようになった。しかし，知的障害者の自立はなかなか進んでいないのが現状である。その理由を考察する過程において，親には，子の自立が必要とは意識しながらも，手元から離すことができないという葛藤があることが見られた。そして，社会との関わりにおいて"離れ難い"状況が様々な形で生じていることをうかがい知ることとなった。

　調査を行なう中で，たどり着いた対象が法人Zである。法人Zは，はじめ，通所サービス[2]を主たる事業としてきたが，2007年，新たな事業としてグループホームの提供が開始された。グループホームの開設は，「親亡き後」の生活に心配を持つ親たちにとっては朗報であり歓迎された。しかし，法人内部の利用者を優先し定員男性4名の入居者を募ったものの，入居希望の声が十分に上がらなかった。結果的に，法人Z内からの希望は3名[4]に留まった。待望され新たな福祉サービスが誕生したのであったが，意外にも，法人Zを利用する家族の多くが「いざとなると自立に踏み切ることができない」状況を経験することとなった。そしていまもなお，子は親との繋がりを頼りに，親は子を離せずにいるのが現状である。

さて，本章は障害社会学に根ざした研究であり，障害学（第 7 章も参照）の枠にとどまらない特徴を持っている。一つ目に，障害者支援制度の下でも家族ケアが依然大きな比重を占めているという，制度における意図せざる結果から本章が出発している点である。現状の制度には議論の余地があるとしても，一面では障害者運動，そしてその背景にある障害学的発想の達成としての側面も持つ。そうした制度が設計通りに動かない状況で呼び出されるのが社会学的な考え方である。二つ目に，そうした状況はなぜ生じるのかという問いに対して，「社会による説明」を越えて分析を深めている点である。後述のように先行研究は，家族ケアの根強さを，そのように親の行為を縛る「規範」によって説明してきた。しかし「規範」と「社会」は密接に結びついているので，この説明は「社会がそうなっているから」と言っているのに近く，なぜそうなっているのかに関する分析は不十分にとどまる。その背景には，障害学が「個人モデル」を否定して「社会モデル」を採用することにより，「社会による説明」にとどまる構造がある。これに対して本章は，「社会がどうしてそうなっているか」を具体的要因に分解して明らかにすること，いってみれば「社会を学ぶ」ことを目指すのであり，この点でも本章は社会学的である。三つ目に，障害者本人とあわせて，それ以外の広い意味での当事者にも目を向ける点がある。障害者本人の経験を優先する障害学とは異なり，本章は分析においてそうした限定をかけず，様々な人が関与して社会問題が形作られる様を捉えようとする。それは問題を巡る社会関係をできるだけくまなく明らかにしようとすることを意味しており，その点でも本章は社会学的であると言える。

　次節に話を進める前に，本研究が扱う"離れ難さ"について説明を加えておきたい。"離れ難さ"は，筆者が調査中に頻繁に聞いた言葉である。40 代といえば，日本社会の平均値からすると親になっていて独立した家庭をもってもいい年齢である。また，自然に考えれば，子よりも親のほうが早く亡くなるため，親として自身の死後における

子の生活を考えなければならない。しかしながら、誰かに子を任せることを先延ばしてしまう状況に親子は置かれている。こうした状況が"離れ難さ"と語られた。このように本研究で使用する"離れ難さ"は、対象である母親自らが言い表した言葉に由来している。第3節では、先行研究の検討を通して"離れ難さ"を改めて定義する。

2 知的障害者の自立に関する制度論的視角

社会福祉学・福祉社会学において、知的障害者の自立に関する研究の蓄積がある。2006年障害者自立支援法前後、岡部耕典（2006, 2010）は、重度知的障害者が親と同居しつづけているのは必要な資源が不足しているからであるということを論点に、自立のために必要なサービスの制度化を目指し研究を行なった。論考の末、少数で特定の支援者が24時間親に代わって支援を行なうモデルケースを提示した。その甲斐あって、2013年に施行された障害者総合支援法の下、大型施設ではなく地域において、成人した重度知的障害者の親元からの自立が制度上可能となった。実際に重度訪問介護サービス[5]を実施する事業所の数は、比較的少数に留まるが、並行して制度上、自立のためのサービスとして位置づけられているグループホームは増加傾向にある。それにもかかわらず、現在明らかになっている統計では、親が健在の65歳未満の知的障害者が親と同居している割合が92.0％であり[6]、大多数の当事者が親と同居し続けているという現状がある。

一方で、親にとって当事者との関係を児童期と大きく変更せずに生活を継続できる通所サービスは積極的に利用されている[7]。知的障害者の場合、新たに福祉サービスを利用し始める際には、例外なくその親[8]と専門職との間に話し合いが持たれ、決められることは自明の理であるが[9]、通所サービスを利用する際も、グループホームを利用する際も、よほどのことがない限り、親の意向が反映される。他方、「親亡き後」への強い懸念は研究のなかで多く指摘されてきた[10]。この現状に即して

考えると，成人後の知的障害者が親と同居し続けているという現象は，さしあたり通所サービスを中心に福祉資源を利用しつつ，「親亡き後」はいずれ訪れる現実であることを知りながら，当の親が子の自立を先延ばしにしていることから生じていると言える。

制度を先に進めた岡部の研究の功績は大きい一方，それ以降も大多数の知的障害者の生活環境は依然として根本的な変化を見ないままである。それは，なぜ親が子の自立を選択しないのかということに焦点が当てられないままに自立のために必要な福祉サービスが整えられているからではないか。親自身が自立を先延ばしにしていることを踏まえるならば，福祉サービスが整ったところで同居という選択に変化がないのは当然のことであろう。したがって，論点を「親子関係」に移し分析する必要もあると考えられる。

家族社会学においては，障害者家族の親子関係に焦点を当て，ケアの社会化が先延ばしにされている現状について検討してきた研究の蓄積がある。本研究では，その障害者家族研究の系譜を踏まえて議論を進めていく。

3 障害者家族研究の現在

障害者家族研究では，1980年代以降，家族社会学において研究が展開されてきた（春日 1993, 石川 1995, 安積・岡原・尾中・立岩 1995, 要田 1999, 土屋 2002, 中根 2006）。

要田洋江（1999）は，なぜ障害者のケアは公的に保障されず，社会にも受け入れられない状況が再生産されているのかということをイデオロギーの観点から分析した。当時，障害者のケアにかかる問題は家族内で解決されるべきとされていた。加えて，家庭内性別役割分業により障害をもつ子のケアは母親に集中されていた。さらに，母親であれば愛情を持ち懸命に子の世話をすることがあたりまえとされ，さもなければ世間から差別的な視線を浴びせされるという社会通念があっ

た。このように障害者の母親は「家族規範」,「ジェンダー規範」,「母親規範」という幾重にも重なる「規範」に呪縛され,家庭内で一人,障害者のケアを負わされていた（要田 1999: 73-89）。もちろん,母親自身は,子に辛い思いをさせたくない一心で精一杯に世話をしていた。しかしながら,そのために,障害者への社会的な保障は一向に進まず,障害者の主な生活の場は家庭のみで,障害者が公の場に出る機会などほとんどありえない状況が社会構造的に生成されていた。

次に,土屋葉（2002）は,要田のマクロな視点で行なわれた研究に対して,ミクロな視点で身体障害者と親の関係性を考察した。福祉サービスがなく,母親もケアに勤しむ状況で身体障害者と母親の間ではいかなる親子関係が築かれているのかを明らかにすることが研究の焦点とされた。分析には先行研究と同様,「規範」が用いられ,身体障害者と母親の関係には否応無しに「ケアが媒介」されていること,その関係性は「力関係」が存在したものであることを示した（土屋 2002: 133-49, 190-203, 211-6）。

他方,中根成寿（2006）は,知的障害者におけるケアの社会化のメカニズムを明らかにした。障害者自立支援法施行前夜,知的障害者のケアを社会化できる制度が整いつつあったが,当時はまだ,できる限り家族が子をケアすることがあたりまえであった。その一方で,一部の先進的な家庭では,家族によるケアから社会によるケアへ移行する動きが見られた。その家庭では,労働力としてのケアを社会に任せ,それ以外の関係性によるところ（のケア）を,今まで通り家族が行なう様子が捉えられた。中根は,家族と社会でケアの分業がなされている様を「ケアの社会的分有」と呼び,ケアが「分有」される要因を,「規範」との葛藤,および,親子の間に形成される「独特な感覚」によるものであると整理した（中根 2006: 147）。「独特な感覚」とは,「パニックを起こし,蹴られたり,殴られたりしても,抱きしめてやりたく,愛らしいと思い,頭をなでてあげたい」というような子との間に親が持つ「親密な感覚」である（中根 2006: 142-67）。「規範」や

こうした感情とケア負担のせめぎ合いの結果,「ケアの社会的分有」路線が家族にとられていることが示されたのである。

しかし,なぜ,「ケアの社会的分有」なのか中根のこの答えには,不明確な論点が残る。「独特な感覚」は確かに知的障害者の親子関係にみられる特徴であるが,「規範」を含めそれ自体の詳細や,それがどのようにつくられているのかということにも触れられていない。したがって,本研究では,社会化できない部分が残る状況,つまり,"離れ難い"という状況が,いかにして,どのような文脈を通して形成されているのかを具体的な要因を通して捉え,親が高齢期を迎えた知的障害者の母親における"離れ難さ"がどのように形成されているのかを解明していく。

4　調査の概要

筆者は 2017 年 8 月～11 月,週に一度の頻度で行なわれている法人 Z の後援会の活動に毎週参加し,インテンシブなインタビュー調査を中心としたフィールドワークを実施した。

法人 Z は,2003 年支援費制度の施行と同時に社会福祉法人に認定された知的障害者多機能型事業所である。認可を受けた当時は,通所サービス(生活介護・就労継続支援 B 型)からスタートし,2007 年にグループホーム(共同生活援助)を開設した。前身は,1992 年第二土曜日が休校日となったことを契機に子供の障害の特徴や程度が同じ母親 7 名～8 名が始めた「週末の会」(仮名)という集まりであった。

調査地は,同地域においてパイロット調査(2016 年 4 月～8 月および 2017 年 5 月～7 月まで)を行ない,法人 Z に決定したという経緯がある。法人 Z については,その利用者が中・重度の知的障害者である点[12],措置制度時代からある「大型施設」ではない点[13],設立の目的は,「高等部卒業後の居場所」[14]や,「親が亡くなった後にきょうだいに迷惑をかけずに暮らせる場」[15]の確保であるように,運営に「運動」要

素のまったくみられない法人である点を勘案し，本研究の対象としてふさわしいと判断した。

研究対象は，高齢期（親55歳～77歳・子33歳～42歳）を迎える7名の母親に絞った。その母親は，1970年初期，第一子の出生から幼少期において都市近郊（法人Zのある地域）に夫婦で移り住んだ後，出産を経て，家事と子育てに専念し家庭を築いてきたという特徴がある[16]。家族構成は，父親，母親，知的障害のある子とそのきょうだいであり，インタビュー調査を実施したすべての母親に2人以上の子がいる。現在，母親7名のうち1名の子は，平日，法人Zが運営するグループホームで生活をしているが，残り6名の子は親と同居している。そのうち3名の子は約10年前に1～3年間のグループホームでの生活経験があるが，その他3名の子は，親以外と生活をした経験はないというのが，対象者の略説である。調査は，1回から4回，法人Zの室内または対象者宅で行ない，時間は1回あたり60分から90分であった。インタビュー対象者とは法人Zの後援会を通じて知り合った[17]。インタビュー以外にも，特に昼食休憩中などに幾度も対話を重ねている。7名すべてについて許可を得てICレコーダーにて録音をした。その後，すべてのインタビューデータについて，インタビュートランスクリプトを作成しコーディングの作業を行なった[18]。ただし，フィールドワーク中，立ち話，電話，調査のお礼のため対象者宅を訪ねたときなどに不意に話を始めた等の理由で録音できなかった場合にはフィールドノーツに記録を残した。その記録を用いて分析を行なった際には，文章にまとめた後，間違いがないか調査対象者と特に念入りに確認を行なった。当然，語りの使用について，学術的目的に限って使用するということを伝えた上で許可を得ているが，倫理的配慮のためデータに関する基礎情報は必要最低限の記述に留めている。また，本研究が公開されることによって，家族内や，専門職との関係性に影響が発生すると懸念された場合には，プライバシー保護の観点から，一部の事例には内容が損なわれない範囲の加工を施している。

本章では，紙幅に限りがあるため，現在に至るまで親と同居している子を持つ3名の母親のなかでもより多くの特徴が捉えられた1名（Cさん）の語りを取り上げる。[19]

5　分析・考察・結論

Cさんの息子は現在40歳である。小学校，中学校は特殊学級（現在の特別支援学級）へ，高校は養護学校（現在の特別支援学校）へ通い，卒業と同時に通い始めた法人Z（生活介護・送迎あり）への通所を21年間継続している。排泄，食事，入浴，脱衣は可能であるが，言語によるコミュニケーションは，二語文程度である。一人で外出することなどは難しい。法人Zへ通い，相談支援員に支援計画の作成を依頼している以外，福祉サービスの利用はない。本節では，(1)～(3)において"離れ難さ"を母親が形成していくさまを記述し，(4)では考察・結論を述べる。なお，母親，父親，きょうだいは，知的障害のある息子からみた続柄を指す。それから，知的障害のある息子は，息子と示す。[20]

(1) 「言わない」子の意を汲む母親と子のコミュニケーション

【語り1】母親Cさん

調査者が，Cさんの息子の言語コミュニケーションについて尋ねると「言葉は，なんと言ったらいいんだろう。返事をするくらいかな。理解はしていると思うけれども，つづけて話すということはできない。（中略）孫がいるんですけど，「〇〇ちゃんこないね」や「〇〇ちゃんかわいい」とか，言うんですけれども。あんまり，単語を並べる必要性がないのかもしれない。うちでは。」「うちでは，「なになにする～？」とか聞いちゃう。でも，困るのは，どっか痛いとかは言わない。そういうことは言わないですね。それは，困るね。」と話された。続けて「痛い」という感覚について，「感覚的にはわ

かるんだとおもうんだけれども，言わない。」と言われた。
(2017年9月20日Cさんのインタビュートランスクリプトをもとに作成したフィールドノーツより）

　Cさんの息子は，「どこにいきたいか」や，「なにをしたいか」といった漠然とした質問に答えることは難しい。「何を着たい」，「何を食べたい」，「どちらがいいか」という選択に答えることはできるが，それは，「○○はどう？」という提案する聞き手の力によるところが大きい。特に，日常的なコミュニケーションの場面で困ることは，痛みの表出があまりないことである。

【語り2】母親Cさん
「火傷してて膿んでいたとか，腫れてたりとか。痛いって言わないですね。あの，痛風になったんですよね，何年か前に。ちょっとなりやすいらしくて。腫れてても痛いと言わないですね。ものすごい痛いはずなんだけど痛いって言わない。こんなにパンパンに2倍ぐらいになっても痛いって言わない。熱があっても痛いって言わない。ぽーっとした顔して，変な顔して。本当に痛くて痛くてっていう時，今も言わないんですけど，本当に痛くてしょうがないって時は，病院，って言うときもありました。でもなんとなく目つきとか，それで分かるかなという。吐いても食べるタイプだから。食べるの大好きだから。ちょっとわかんないことはあるんだけども。今は何となくおかしいかなというと病院行く？と言うと，うぅん，って言って，風邪薬飲む？って言うと「大丈夫」〔飲まない〕って言いますけども，普通には分からない。」
(2017年9月20日Cさんのインタビュートランスクリプトより）

【語り3】母親Cさん
「〔熱があるから〕「お家帰ろう」と言っても〔定時まで居たいと〕帰らなくて「嫌だ」って言うんだけれども。強引に連れて帰ったと

きもありましたけれども，(中略)熱があっても仕事〔法人Z〕へ行く〔って言っていたので〕。」
(2017年9月20日Cさんのインタビュートランスクリプトより)

　正しく訴えることができない息子の体調不良に気づくには言葉以外の情報を頼りにする。子供の頃からその点に大きく変わりはない。表情や歩き方，顔色，目つき，受け答えや態度は，経験により培ってきた判断材料である。母親は，言わない息子の意を汲みコミュニケーションをとっているのである。

(2) 他者によって築かされる母親の"離れ難さ"
・息子のきょうだいとの関わりから形成される母親の"離れ難さ"
【語り4】母親Cさん
「親2人がお葬式とかで出かけるってなった時，下のきょうだい2人に頼っちゃう。あの子をお葬式に連れていってもいいんだけれども，朝起きなさいって言っても起きれない。あの子の都合ではないから時間がわからない。私たちの都合だと起きて来ないんですよね。法事とかだと，「あそこ行って，食事して帰るんだよ」って言うんですけれども，食事っていうのはわかるんで，でもお寺に行くということはわからないし，あの子自身にとっては関係ないんですよね。だから，お寺にも入らないし。結局，外で待ってるって感じ。だから，食事は食べるんですけれども。1日長いから。そういうときは，きょうだいに頼っちゃう。きょうだいには迷惑かけてしまっているところはあると思うんですよね。」
(2017年9月20日Cさんのインタビュートランスクリプトより)

　障害のある息子の他に2人の子がいるCさんは，お葬式など夫婦(母親，父親)そろって出かけなくてはならない用事が入ると，きょうだい(下の子たち)に息子の世話を頼み出かけることがある。できることなら息子を連れていきたいが，"こだわり"があり，人に合わせ

ることが難しいためである。

【語り5】母親Cさん
きょうだいの1人が,「〔息子本人の名〕ちゃんのことを近くにいる〔もう1人のきょうだいの名〕ちゃんが将来見てくれればいいのにな〜とか〔息子本人の名〕ちゃん,施設に入るのでいいのかな？とか,お父さんお母さんがいなくなった後どうするのかな？」と聞いてきたことがあるという。それに対して,Cさんは,「「2人も,生活があるから,そういうときは,市の方に相談して,入れるところに入れてもいいんだよ」って言ったら,「いいのかな？」って心配していましたね。きょうだいのうち1人が近くにいるもんで「〔そのきょうだいが〕見てくれればいいけどな〜」って言っていましたけれどもね。〔もう1人のきょうだいは〕近くにいれば,面倒みようとは思っているのね。でも,あの子にも家族があるし,そこまでして見なくていいって言っているの。「でも〔そのきょうだいが〕お母さんも,あの子〔障害のある息子〕に一生懸命やっているから。」って言うのね。涙が出て来ちゃうけど」ときょうだいの言葉に感動し涙ぐみながら話された。
(2017年9月20日Cさんのインタビュートランスクリプトをもとに作成したフィールドノーツより)

　前にも記述したように,ごく稀に冠婚葬祭などできょうだいに息子の世話を頼むことはあるが,きょうだいにも自身の家庭での生活があるため,自分たちが老いて面倒を見られなくなったときに,息子の世話を頼もうとは考えていない。しかし,献身的に息子のケアを行なってきた親の背中を見てきたきょうだいには,将来,自分たちは兄のケアを専門職に任せていいのだろうかと後ろめたく思う気持ちがある。きょうだいに胸中を明かされた母親は,「2人も,生活があるから,そういうときは,入れるところに入れてもいい」と声をかける。しかし,母親自身は,息子を自立させようなどと割り切った考えを持つことができずにいる。いずれ息子は他のきょうだいのように家族と生活

することができなくなることを思うと，親が見られる今ぐらい，できるだけ家族と自由な生活をさせてあげたいと考えるのである。

・父親と子の間の相互行為から形成される母親の"離れ難さ"
   【語り6】母親Cさん
   「グループホームの話も2回ほどあった。でも，心臓，痛風と，歯肉炎になりやすいということがあるから，そういうのをやってくれるかどうか，そういう不安がある。親じゃなくても歯ブラシなんかは確実にやってくれるのかな？とか。ずっとやっているんで，そういうのをやってくれるのかな？というのが不安。痛いということを言わないから，そういうの，父親でもわからないことがあるのに，ちゃんとやってくれるのだろうか？ということが気になる。父親は面倒は見てくれるけど，熱があっても，「そう？」というかんじで。そういう感じ方？っていうのは，わかるのかな？というところがあって，それを〔職員さんが〕やってくれるのかな？って。父親は，本当に面倒はみるんだけれども，うーんわかんないっていうか。歯磨きは，私がいない時はやってくれるけれども，早いですね。終わるのが。私よりも。やってはくれるけれども，やらないと，腫れてくるわけだから。そこのところをやってあげなくちゃ。いま，40歳だけど，虫歯がないというのは，磨いてあげているからかなって。やっていても，歯石がたまる。（中略）それが，抜けちゃったら，歯肉炎とかになって。噛む場所がなくなっちゃうわけですよね。だから，もっと，真剣にやってほしいんだけれども，なんか，そういうのは，父親自身が歯が丈夫なもんですから，気がつかない。」
   （2017年9月20日Cさんのインタビュートランスクリプトより）

Cさんの家庭では父親が「よく面倒を見る」[21]。歯磨きなど生活全般のケアを行なう上，積極的に息子の外出へ同行する。通院もその一つである。息子は，母親よりも父親と出かけることを好んでいるそうだ[22]。父親が現役で働いていた頃，同都道府県内にせよ，単身家族を離れ生活をしていた時期もあったように[23]，仕事の優先を余儀なくされていた

が，今は定年退職を迎え，その頃より一層息子が望む通りの生活に父親自身が合わせられるようになった。

しかしながら母親は，父親のケアについてしばしばフォローアップが必要だと考えている。

たとえば，「歯」は母親が管理することにしている。母親の頭には「磨いてあげないと腫れてしまった」という記憶がある。母親が施す歯磨きは細かいところまで真剣である。磨き残しがないことは，生まれてこのかた息子に虫歯がないことが証明している。また，母親が歯磨きを大切にするのは，息子の最も楽しみなことの一つが「食べること」であり，その楽しみがなくなってしまったら困るだろうという考えがあるからでもある。しかし，父親は，そういうところまで考えていないだろうと母親は感じている[24]。

加えて，病院にかかる際，「初診」は母親が同行すると決めている。それは，母親の説明が，より詳細で丁寧であるからだと言う。

さらに，こうした日々の父親に対する疑問符は，息子の将来へ向けられている。父親は「だるそうにしている」，「目つき」や「なんとなく変だ」といった体調の変化について母親のような勘が働かないところがある。「父親でもわからないことがあるのに，ちゃんとやってくれるのだろうか」。自身のケアの仕方と父親のケアの仕方の違いが，息子を他人に任せることへ母親を消極的な気持ちにさせる一因となっている。10年前にCさんが法人Zの職員から個別に二度グループホームへの入居を勧められたときには，このことが頭をよぎり，実際にその誘いを断った。

・障害者総合支援法の下，専門職との関わりから形成される母親の"離れ難さ"
　【語り7】母親Cさん
　　調査者が「この間，クリスマスパーティで，他の方が食事をはじめても，周りを観察しているようで。食べ始めに時間差がありました

が，皆が食べ終わった後，スイッチが入り，とても嬉しそうに笑いながら食べていました。本当に笑顔で。よく召し上がるのですね。」と，調査者がボランティアで参加した，法人Zのイベントで見たCさんの息子の様子をCさんに伝えた。すると，「食べるの好きだから」「そう。なかなか，決めちゃうと動かないから。どう過ごしてるのかあんまり知らないんだけれども。法人Zのお昼でも，なかなかね。でも，〔職員さんが〕待ってくれるみたい。」と話された。法人Zの職員のことを語る様子からは，安心感がうかがえるようであった。

(2018年1月13日Cさんの語り（録音なし）をもとに作成したフィールドノーツより)

法人Zの職員は，日中，息子のペースに合わせてくれていると聞いている。"こだわり"を表出しながらも，法人Zへ行くことが習慣になっている息子の様子を見て，法人Zは息子に必要な支援をしてくれ，息子自身も安心して通えていると母親は考えている。

【語り8】母親Cさん

Cさん：わかんないですよね。法人Zでも，〔新たな〕グループホームを考えているみたいですけれども，わかんないですよね。それができたとしても，〔わたしたちが亡くなった後に息子が実家に〕土日帰って来ても〔きょうだいが〕困るし。(中略)

調査者：土日にグループホームから帰ってくる生活よりは，ぎりぎりまでご自宅で頑張って，施設かどうかはわからないですけれども，宿泊型のサービスを使うのは，親御さんがみれなくなってからにしたいということですかね。

Cさん：でも，それは良くないって言われるの。練習しとかなきゃね。そこの決心がまだつかないんですよね。グループホーム入る？とか言うと，「うん」って言うんだけど，どこまで，わかっているか，わからないから，私自身わからないから。ここでグループホームこれからできたら入ると思う。いくにちか泊まれるん

4章 何が知的障害者と親を離れ難くするのか

だったら。この間,グループホームができたときは,まだかな〜って思っていた。私自身面倒をみれたし。ここは,何年後かわからないけれども,そのころになったら,自分たちがもっと体力がなくなってくるし,施設に入るにしても,そこで練習ができるし。なんか,信頼しちゃってるんで,泊まれるんだったら,泊まる練習するために入るかなと思いますね。

(2017年9月20日Cさんのインタビュートランスクリプトより)

　法人Zに信頼を置き,息子をそこへ通わせているとはいえ,法人Zがグループホームを開所した際,利用の誘いを断ったが,Cさんの中に,その決定に対する揺るぎないなにかがあったわけではない。息子のことを家庭で見るか,他者に委ねるかという母親の思いには往還が見られる。

　たとえば,ふいに「グループホームを試してみようか」という考えが母親の頭に浮かぶこともある。違う時には,突然の思いつきで,「息子に,グループホームを利用してみるかと尋ねた」こともあった。しかし同時に,「中途半端にグループホームを利用し,親の死後も,息子が実家に毎週末帰宅してしまったらきょうだいは困るだろう」[25]という考えによって,その案は消え去った。息子の返事に対しても,やはり,息子とのコミュニケーションは不確かで頼りにできないと我に返ったのだという。

　実際には,息子を自立させてみようとまで至らないのではあるが,「親が見られなくなったときに初めて親元を離れて生活し始めるのでは息子にとってよくないということを話に聞いている」こともあり,母親の頭のなかでは,さまざまな考えが浮かんでは消えということが繰り返されているのである。今,息子と同居し続けているのは,その結果である。

　【語り9】母親Cさん
　Cさん:そういう支援計画とかは,それをここでやってる。それも

法人Zの方で。

調査者:じゃあもう全部包括的な支援をしていただいてる？

Cさん:なんかあの子自身もそういう安心感があるというか，私自身も安心感があるんですね。そういうのやらなくちゃと思って。

(2017年9月20日Cさんのインタビュートランスクリプトより)

【語り10】母親Cさん

調査者:「いつも相談支援というか，計画作るときはお父さんだけいってるんですか。」

Cさん:「家〔に〕来てもらってる。」

調査者:「じゃあ3人〔父親，母親，息子〕で話しているのですか。」

Cさん:「あ，うん，あの子は挨拶もしないですね。こんにちは，って言っても知らん顔してる。顔みるだけですけど，だいたいほとんど挨拶してくれないので。でもそういうとこ〔姿勢〕は崩さないですね。もう知らない人と挨拶しないし。」

調査者:「じゃあその人と話をする時は。」

Cさん:「答えない。答えないですね，一切。で，嫌だって言って。」

調査者:「じゃあもう〔お話をされるのは〕基本的にお母さんお父さんだけですか。」

Cさん:「そう。その時も言われます。相談支援の方にこういうのどうですかとか。ガイドヘルパーね。どうですかって言われますけどあの子が知らないので。」

(2017年9月20日Cさんのインタビュートランスクリプトより)

法人Zの生活介護を利用するにあたり親は息子の支援計画の作成を法人Zの相談支援員に依頼している。[26]一般的に，通所サービスの職員と，相談支援の職員は異なるため，法人内で仕事の内容が異なる職員同士に密なやり取りがあるわけではない。ましてや，利用者は，平日毎日通所していたとしても，相談支援の担当者と偶然会う機会は

稀である。

　相談支援員は面談のため定期的にCさん宅を訪問する。その際,いつもではないが担当者からガイドヘルパー（移動支援）[27]などの福祉サービスの利用をしてみないかという提案がされる。しかし,当の息子は,「相談支援員に挨拶を返さず」,「問いかけられても答えない」上,「すぐに部屋へ入ってしまう」という様子であり,こうした息子の態度を母親は,本人が相談支援員に対し安心感を持てていないからである[28]と受け止めている。そんな,息子が,今まで利用したことのない福祉サービスを始められるのか。法人Zに信頼を置いているとはいえ,その提案を容易に受け入れることはできないというのが母親の本音である。

(3) 子の"こだわり"によって形成される母親の"離れ難さ"
【語り11】母親Cさん

Cさん:「あんまり私,友達と〔出かけに〕行くということがないですね。（中略）なるべく〔息子が〕帰ってくる時間には家にいたい。だからよっぽど私の病院とか,時間ない時は,そう,もう息子に今日はお母さんこうだから,とか言って言うと,はい,って言って。〔家に入って,内から〕鍵はかけないけどね。以前〔学校に通っていた頃には〕鍵を捨ててたのよね。ご近所の人に,名前まで,家の鍵に名前書いて何の役にも立たないって言われたんだけど,捨てるもんで名前まで書いてたのね。」

調査者:「捨てるって,開けてですか」

Cさん:「あの,なんか気に入らないとき〔出かけるのが嫌な時も,家の中に入るのが嫌な時も,なにか嫌なことがある時〕,そういうときはハンカチでもなんでも。鍵を捨てたことが,2回ぐらいある。一つはご近所の人が,うちの住所書いたもんで,鍵に住所書くなんて役に立たないんだけど,もういいかと思って。取れないように鞄に結びつけてあれしてるんですが,いない時には,ピンポンして出てこない時には,だいたいドア開けてるんで。これ

がカチャカチャと開けて，自分で入っているけどその後は〔鍵を〕閉めない。〔一人で家にいるといっても〕だいたいせいぜい1時間くらいかな。大体誰かしらいるという感じで。」
(2017年9月20日Cさんのインタビュートランスクリプトより)

　息子が学校へ通っていた頃，母親に避けられない用事があるとき息子は自分で鍵を開け，家で母親の帰りを待つことがあった。しかし，息子には，内から鍵をしなかったり，何か嫌なことがあったときに持ち物を道に捨てるという行動があった。そのたびに，母親は息子の"こだわり"に向き合ってきた。
　現在は，息子が一人で出歩くことはないため，外出や留守番に前ほどの緊張感があるわけではないが，それでも「息子が家にいる時間には家にいたい」と体が勝手に動いてしまう。"こだわり"への対応は，母親に染み付きなかなか抜けないことである。

【語り12】母親Cさん
「親戚の家に遊びに行くと，車から降りない。夏の暑い日も，車の窓を開けてね，車から出てこない。しょうがないから，お昼ごはんなんかをせっせと運んで，お昼は一人で車内で食べて。そういう融通が効かない。自分で決めちゃうと，何を言っても，動かない。そういうところがあるから，困っちゃう。結局この子のペースに合わせるしかなくなっちゃう。」と話された。
(2018年1月13日Cさんの語り（録音なし）をもとに作成したフィールドノーツより)

　親戚の家への訪問は日常生活では行くことのない場所へ行った時の例である。知らない場所へ入ることを拒む息子は，落ち着いて居られる車内から降りようとしない。母親は，息子が動かないとき，いつも息子のペースに合わせることでその場をしのいでいる。
　経験が説明を勝る息子の"こだわり"を初対面の人に一つ一つ説明

し，新たに福祉サービスを利用することが容易ではないことは目に見える。「融通の効かない」息子と新しいチャレンジをするくらいなら，たとえ手の焼けることがあったとしても，その都度その場をやり過ごすほうが世話なしだ。そこまでして他者の手を借りるほど急を要する事情もない。こうして，母親は息子のケアを委ねる機会から遠のいていく。

(4) 母親による"ケアの社会化をめぐる駆け引き"

障害者総合支援法の下，就学と同じくらい通所サービスに通うことがあたりまえになってから，母親だけが子のケアを負わされているという状況はなくなった。現在は，母親を担い手の中心とした家族ケアだけでなく，専門職による社会的なケアを得られるようになった。そのため，学校卒業後，支援計画を作成するための面談や，通所サービスにおいて社会福祉法人などの専門職による支援が行なわれている。さらに，本研究が照射した家庭において，母親以外の家族成員が障害のある子に対して我関せずの姿勢を貫くような家族は少なかったように，父親やきょうだいから協力が得られるようになった。しかし，もともと子育て期から中心となって担ってきたケア役割を他者に"任せる"ということをめぐり，母親にはさまざまな"駆け引き"とも捉えられるような葛藤が見られた。

まず，知的障害のある多くの人にコミュニケーションにおける困難がある。単に言葉による発話というだけでなく考えることに難しさがあるため母親には，将来の希望を子に尋ねたり，その選択を子に委ねたりすることができないという前提がある。また，知的障害者には，本人が決めたら譲れない"こだわり"があることが多い。それがどのような行動であり，どんなサポートが必要であるかは，人によって千差万別である。母親は，その個々の"こだわり"に向き合い，先回りして受け止め，ときにやり過ごしたりしながら生活を送っている。それ以外にも歯磨きなど日常生活において手をかける必要があるなど，

知的障害のある子との生活には外すことのできない前提がある。

　家族成員のケアへの関わり方には個人差はあるが，Cさんの家庭のように父親やきょうだいが障害のある家族のケアに回る時もある。週末や日常的なサポートもあれば，急な対応の場合もあるが，家族の良さは，子の性格や"こだわり"をその都度改めて説明することなく頼めることである。息子について相手に伝えるための"説明コスト"は，知的障害者の母親にとって何を始めるにせよ高いハードルとなっている。

　また，父親や専門職の介入が，逆に母親を「ケアに向か」わせている様が捉えられた。この先に関わる専門職が子の"こだわり"に合わせてくれるのかという懸念の声が，父親や専門職が子にケアする際の行動に重ねられ語られていたように，子が見せる表情や態度の違い，それを読み取る方向が人により異なる様子から，母親は，自身によるケアがなにものにも代えがたいものであることを諭していた。従来の研究で言われたように他者に子のケアを委ねる行為が母親と子のケア関係を解消していくのではなく，本分析では，その介入が逆に"駆け引き"の一因となっている様が見られた。

　このように"離れ難さ"は，さまざまな文脈が複雑に折り重なり行なわれる"ケアの社会化をめぐる駆け引き"によって形成されている。その文脈は，コミュニケーションの難しさや"こだわり"というように，さほど動くことのないものであることもあれば，時や場合によって変わる他者との関わりから見出される，流動的なものであることもある。中根が「ケアの社会的分有」の要因に位置づけた「独特な感覚」は，その折り重ねられた文脈の一つといえるだろう。

　"離れ難さ"の形成には，きょうだいが巣立ち，母親が障害のある子のケアに集中できる時期であることや，定年退職後，父親に合間合間のケアを頼める時期であることも当然のことながら関わっている。そこには親が老いを感受し始めることが，子を自立させる契機となるという論理は通用しない。しかしまた，同時に，"離れ難さ"は，親

が高齢期になるまで同居しつづけたことによってつくられた親子関係の熟成期間によって説明し尽くされるものでもない。

話は前後するが、やはり障害者総合支援法以降を生きる知的障害者家族にとって通所サービスにより家庭にもたらされた余裕は大きいと言えるだろう。意図せざる結果ではあるが、ある程度子のケアにかかる母親の負担が軽減されたことが、逆に知的障害者が親元から自立するタイミングを先延ばしにできる状況を家庭のなかに生んでいる。

これまで、知的障害者家族の親子関係における"離れ難さ"はいかなる文脈に基づいて形成されているのかということを考察してきた。もちろん、本研究の射程を越え全体を議論することはできないが、家族という、一見、個々に異なる私的空間において、それにもかかわらず"離れ難さ"が形成される様に共通性が見出されたことは事実である[31]。それを「規範」で分析すると、一見もっともらしいが、そうした「説明」には限界がある。Cさんの例では、「母親だから」「家族だから」「やってあたりまえ」というよりも、たとえば知的障害に伴う"こだわり"などの事情を考慮し、母親も迷いつつ家族同居に至っている。グループホームのような資源はCさんの身近にある程度あり、そこに息子が早期から慣れる必要性を一方では認識しつつ、他方でこれまで受けていない福祉サービスを息子が利用する時に多大な困難が予想される中で、グループホーム利用が先延ばしされている。そうした具体的な要因を明らかにすることが、よりよい状況の理解につながるはずである。

6　今後の課題

これまでの障害者家族研究では「ケアの社会的分有」のように、家族ケア／社会によるケアという局面に観察の視点が置かれてきた[32]。

本研究でも先行研究に基づいて知的障害者における「ケアの社会的分有」を分析枠組みとして扱った。この「分有」には、どこまでのケ

アが誰によって担われているのかを明確に区別し，かつそれは，親（特に母親）によって分けられているという意味がある。しかし，本研究で扱った母親の語りのなかには「分有」と区切りをつけてしまうことで不可視化されてしまうような語りが含まれていた。それは，母親自身が，どこに「線」を引くべきか考えあぐねている語りである。グループホーム利用への逡巡に典型的なように，家族ケアと社会によるケアの境界線は，一見固定的に見えても，試し書きが繰り返され，線が引き直された跡が見える場合もある。今後，家族ケア／社会によるケアというリジッドなものによって対象を捉えて良いものか検討する余地がありそうだ。

　本研究によって明らかにされた知的障害者と母親の関係性はごく一部分に過ぎない。いつ，いかなるケアが誰によって行なわれているかということと，母親と知的障害者の関係性を「ケア」という観点から捉えるだけでは十分ではないことも示唆された。今後の研究では，家族ケア／社会によるケアという二項対立にとらわれず，しかし同時に常にケアを必要とするという圧倒的に重要な知的障害者の特徴をないがしろにせず，母親との関係性を明らかにしていく必要がある。調査のレベルを細分化すれば，さらに多くの課題も残るが，それも含め本研究の残した課題としたい。

7　おわりに

　本研究が対象とした知的障害者は，生活をめぐる不利益について議論を行なうこと自体に困難がある。その当事者を間近で見ている家族成員はといえば，日々のケアと各々の生活に追われている。そのため，学問を行なう主体となる余裕が残されているとは考えにくい。本研究が証明しているように，こうした人々へ研究の目を向けることで，開かれる問いの社会的インパクトは大きいだろう。

　また，本研究では，母親の行為に意味を与えるアクターの存在に着

目することが，知的障害者と母親の"離れ難さ"という現象を解き明かす上で重要な要素の一つであった。障害社会学には，研究者が現場に足繁く通いながらも分析者であり続けることを可能にし，そこで生じている事態を具体的諸要因に分解することで，実相のより深い理解を提示できるという良さがある。

かつて，全身性障害者は，親ではなく，大型施設でもない地域で，大勢により制限された暮らしに悩まされることなく自由に生活できる場を社会に求めた。後に整えられた制度が，自然と訪れる「親亡き後」の住む場所の確保やそれを目指した練習の場のために利用されるようになると誰が想像していただろうか。本研究を皮切りに，これまで照射されてこなかった対象が置かれている現実を踏まえた研究が蓄積されてほしい。最後に，障害社会学を試みた本章は，既存の福祉と並行してどのようなサービスが必要かを直接明示したものではないが，具体的な実践を考えるための一助となることを強く願っている。

【注】

[1]　岡部（2006; 2010）の研究では知的障害者が集合住宅の一室を借りおこなう一人暮らしを自立生活と呼んでいる。従来，知的障害者には，家族と同居生活もしくは大型施設生活以外，生活の形がなかった。大人数での共同生活では自由がないに等しい上，障害の特性により大勢での暮らしに好まない自閉症などの障害のある人の自立の選択肢はほとんどなかった。そこで，岡部は，そのころ地域で生活を始めていた日本の身体障害者の事例や，欧米諸国のパーソナル・アシスタントの事例，また，日本の福祉制度および既存の障害者に関する法律の現状を精査し，日本において重度知的障害者における自立生活の制度化を果たした。現在，全体のごく少数であるが，その時間のあいだ一人の利用者だけを担当するスタッフに 24 時間支援を任せ自立生活を行なう重度知的障害者が地域で生活している。このように，自立生活とは，親との同居生活からも，隔離された大型施設での共同生活による不自由な生活からも一線を画した，地域で自由に暮らす生活および自立の形である。他方，グループホームでの暮らしは，少人数とはいえ共同生活であることにはかわりないため前述した一人暮らしより自由度は低くなるが，親元を離れて暮らせることや，隔離された施設ではなく地域で生活できることから，制度上，岡部が実現させた自立生活と等しく，自立の形として位置づけられている。し

たがって，本章で扱う自立は，（自立についての論考をする紙幅は残されていないため，暫定的にではあるが）地域から隔離された施設ではない形で，従来の大型施設での暮らしよりも自由な生活を保障され，親元から独り立ちしていることまたその状態とする。

[2]　過去には，授産施設や作業所と呼ばれてきたサービスである。現在使われている現場での通称にならい，ここでは，通所サービスと呼ぶことにする。利用者は，朝の 9 時頃（生活介護対象者のみ送迎時間）から始まり，15 時頃の退所まで，所属する法人により決められた室内外さまざまな作業を行なう。その作業は多岐にわたり，よくある例としては，パン・菓子作り，農作業，刺し子や紙すきなどのクラフトワーク，絵画や織物などのアート活動，それらの梱包作業や接客・販売である。公共施設の清掃作業などを行なう通所サービスも多い。通所サービスには，生活介護，就労継続支援 B 型，就労継続支援 A 型，就労移行支援という区分けがあるが，順に，単純な作業から複雑な作業まで，さらには一般就労へ向けた練習を兼ねた作業も行なわれている。どこへ所属するかは，障害者程度区分，および知的障害者本人のニーズと意向に沿って，親と共に相談が行なわれ決められる。補足になるが，現実的には，就労継続支援 B 型に所属する利用者であっても，生活介護で行なわれている作業との相性が良い利用者もいる。そのときには臨機応変に，就労継続支援 B 型へ所属している利用者が，生活介護の作業を行なう場合もあるのが現状である。

[3]　通所サービスとグループホームの利用が同じ法人内であることについては賛否両論がある。当該の議論は別の機会に譲ることにする。

[4]　法人 Z の就労継続支援 B 型に通う利用者 2 名と，一般就労および法人 Z の就労継続支援 B 型を両立している利用者 1 名である。

[5]　重度訪問介護とは，訪問ケアサービスのことである。主に，集合住宅の一室などを個人で借り，一人暮らしをおこなう障害者が利用する。障害者総合支援法以降，知的障害者も正式に利用することができるようになった。

[6]　厚生労働省（2018）を参照。ただし，厚生労働省のデータは 2018 年以降更新されていない。それ以降にグループホームの数が徐々に増加されている現状を踏まえると，本稿で示した割合から状態は多少緩和されていることが考えられる。なお，データは 5 年毎に更新される予定である。また，0〜65 歳未満を分析したデータであるため，全体（65 歳以上も含む）の 26.8％は 19 歳以下である。

[7]　中根（2017）を参照。

[8]　相談支援員および，新たに契約する先の法人の職員，または通所サービス等ですでに契約している先の法人の職員を指す。

[9]　中根（2006, 2017）においても示されている。

[10] 要田 (1999); 土屋 (2002); 中根 (2006) を参照。
[11] 本研究は，ミクロ社会学，現象学的社会学，エスノメソドロジー等の「意味学派」の系譜に基づいている。「文脈」を捉える方法的立場は D. Francis & H. Stephen (2004=2014) を参考にした。
[12] 本研究が依拠する先行研究 (中根 2006; 岡部 2006, 2010) の対象者が中・重度知的障害者であることから対象を定めた。
[13] 「大型施設」とはいわゆる措置制度時代からある施設のことを指す (鈴木 2010; 岡田 2016)。法人 Z は，いわゆる契約制度以降に発足した団体であり，法人 Z のすべての利用者が，「大型施設」で暮らした経験もない。法人 Z には誕生から就学期を親元で過ごし (家族と同居)，養護学校 (現在の特別支援学校) を卒業後，通所を開始した利用者が通っている。
[14] 本稿ではこの語を，単に親を同じくする関係を表す分析用語として用いており，障害児・者ときょうだいであることに関する特別な意味は，この語の中には含めていない。
[15] 2017 年 8 月 23 日法人 Z 後援会に初めて参加した際のフィールドノーツより。
[16] 夫の扶養に入った状態で働ける仕事 (パートタイム・週 4 回以下のフルタイム) に就いている/いた母親も含む。そのほとんどが，息子/娘が法人 Z へ通う年齢になってから，昼間に余裕ができ子育て期以降初めて仕事を再開した母親である。
[17] 法人 Z に自身の子が通い，高齢期を迎える年齢に該当する母親全員が法人 Z の後援会に所属している。
[18] 佐藤 (2008) を参考にした。
[19] 書籍の一章として公開することについて C さんよりご快諾をいただいた。
[20] 中学校の登下校は，通学路に信号はなく歩道を通り通え，あたりまえではあるが毎日同じ道であったため，自主登下校できていたが，その当時から一人で買い物へ行ったり，一人でバスに乗ったりすることは難しかったと語られた。現在，一人で出かけることはない。
[21] C さんの夫は，息子に対して面倒見のよい父親である。たとえば，市役所から送られてくる息子関連の書類は，父親が封を切り，すべて管理をしている。書類にも父親が記入し提出する。それから，髪は父親が切っている (頭を触られることに敏感である息子の "こだわり" があるため)。また，息子の要望により，病院には父親が連れて行く (初診では母親もついて行く)。そのために，通院の予約は，父親の仕事が休みの日をねらって入れているという。なお，現在，父親は定年退職後，再雇用の仕事に就き働き続けている。
[22] 息子は母親と出かけるよりも好んで父親と出かけることが多い。母親が息子に，母親と父親どちらと出かけたいかを尋ねると決まって「パパ」と答え

るという（2017年9月20日インタビュートランスクリプトより）。
[23]　2018年1月13日Cさんの語り（録音なし）をもとに作成したフィールドノーツより。
[24]　2017年9月20日Cさんのインタビュートランスクリプトについてを2019年3月1日に確認した際、当時の語りをCさんが補足説明された内容（2019年3月1日Cさんの語り（録音なし）をもとに作成したフィールドノーツより）。
[25]　確かに、現在、グループホームの利用者は、親が自宅で週末帰宅の受け入れがある場合、その大半が週末は自宅で家族水入らずの時間を過ごすことが一般的になっている（グループホームの週末帰宅が通例となっている状況についての議論は次の機会に譲ることとする）。しかし、もちろん利用者のなかには、すでに両親ともに亡くなっている人もいる。このような場合、そのほとんどは週末もグループホームで過ごしている。またそのなかには、年末年始やお盆にだけきょうだいや親戚の家に帰省するという利用者もいるがすべてではない。
[26]　障害者総合支援法の枠で福祉サービスを利用するためには、支援計画を作成する必要がある。現行の制度では、必ず相談支援員を通して作成されなければならないといった約束はないため、家庭で作成し自治体に提出するセルフプランという方法がとられる場合もあるが、支援計画は相談支援員との面談を経て、担当者によって作成されるのが通例である。また面談は、通常、定期的に行なわれる。
[27]　ガイドヘルパーのサービス（移動支援）は、一人で外出することが難しい場合に、外出サポートを頼むことができるサービスである。その日担当になったヘルパーは利用者によって申請された時間、一対一で利用者につく。病院、買い物、映画館や美術館など行き先は利用者が自由に決めることができる。
[28]　この様は、母親から見た息子の様子である。今回は、母親以外の他者から見た息子の行動などについての議論は行なわないものとする。
[29]　中根（2006）を参照。
[30]　中根（2006）では、父親が家庭内ケアに介入することによって、家族ケアから社会によるケアの移行が達成されていくプロセスが論じられている。
[31]　本章ではCさんの語りのみを取り上げ分析したが、今まで親と同居し続けているケースでCさんと並行し行なっていた残り2名へのインタビュー調査の分析結果でも同じ文脈が捉えられた。
[32]　井口（2010）において「家族介護研究における支援・ケアの社会学」の動向がまとめられている。

【文献】

安積純子・岡原正幸・尾中文哉・立岩真也（1995）『生の技法──家と施設を出て暮らす障害者の社会学〔増補・改訂版〕』藤原書店.

Francis. David and Hester Stephen (2004), *An Invitation to Ethnomethodology: Language, Society and Interaction*, London: Sage Publication.（＝2014, 中河伸俊他訳『エスノメソドロジーへの招待──言語・社会・相互行為』ナカニシヤ出版.）

井口高志（2010）「支援・ケアの社会学と家族研究──ケアの「社会化」をめぐる研究を中心に」『家族社会学研究』22(2): 165-176.

石川准（1995）「障害児の親と新しい「親性」の誕生」井上眞理子・大村英昭編『ファミリズムの再発見』世界思想社, 25-59.

石川准・倉本智明編（2011）『障害学の主張』明石書店.

石川准・長瀬修編（2005）『障害学への招待──社会，文化，ディスアビリティ』明石書店.

春日キスヨ（1993）「障害児問題からみた家族福祉」野々山久也編『家族福祉の視点──多様化するライフスタイルを生きる』ミネルヴァ書房, 101-130.

厚生労働省（2018）「平成28年生活のしづらさなどに関する調査（全国在宅障害児・者等実態調査）結果」，厚生労働省社会・援護局障害保健福祉部（2019年2月7日取得），(URL:https://www.mhlw.go.jp/toukei/list/dl/seikatsu_chousa_c_h28.pdf).

中根成寿（2006）『知的障害者家族の臨床社会学──社会と家族でケアを分有するために』明石書店.

───（2017）「障害者福祉制度は障害者家族の親子関係をどのように変えたのか──障害者総合支援法制度利用状況の分析から」『家族社会学研究』29(1): 63-72.

岡部耕典（2006）『障害者自立支援法とケアの自律──パーソナルアシスタントとダイレクトペイメント』明石書店.

───（2010）『ポスト障害者自立支援法の福祉政策──生活の自立とケアの自律を求めて』明石書店.

───編（2017）『パーソナルアシスタンス──障害者権利条約時代の新・支援システムへ』生活書院.

岡田祥子（2016）「利用者と保護者双方へのケアの論理──知的障害者通所施設職員の語りから」『保健医療社会学論集』26(2): 54-63.

佐藤郁哉（2008）『質的データ分析法──原理・方法・実践』新曜社.

鈴木良（2010）『知的障害者の地域移行と地域生活──自己と相互作用秩序の社会学』現代書館.

土屋葉（2002）『障害者家族を生きる』勁草書房.

───（2017）「障害のある人と家族をめぐる研究動向と課題」『家族社会学研究』29(1): 82-90.

要田洋江（1999）『障害者差別の社会学』岩波書店.

5章
蝙蝠を生きる
―― 進行する障害における能力と自己の肯定

石島健太郎

1 問題の所在

　本章の目的は，既存の障害学が主張するのとは異なるかたちで，健常とされない身体を生きることを肯定する論理がありうるのかを考えることである。すなわち，障害を逸脱として価値づけることに抵抗してきた障害学・障害者運動の論理を整理し，その内在的な問題点を指摘した上で，その問題点を現実に生きる人々が，いかに障害を価値づけているのかを見ていくことが本章の課題となる。

　障害者運動や，これに強く影響を受けながら立ち上げられた障害学は，歩けない，目が見えない，食べられないといった機能的能力がないことや，それにともなって健常者とされる人々とは異なる立ち居振る舞いをすることが低く価値づけられることに抗するための思想を鍛え，実践に臨んできた。

　しかし，次節で触れるように，そうした障害学の発想は，批判相手と潜在的に同じ論理を密輸入してしまう可能性を抱えている。障害学本来の企図を自らが裏切ることがないようにするためには，その主張を金科玉条として繰り返すのではなく，内容を精査し，限界を見定めることも同時に必要であるはずだ。本章はその試みのひとつである。

　ここで，本章の議論の流れを述べておこう。まず，障害学の主張の中から，この社会の中で正常ではないと評価される身体を生きること

を肯定する論理をいくつか確認する。その上で,そうした論理が実は別の能力に対する価値付けを背後でおこなっていることを指摘する(第2節)。そして,筋萎縮性側索硬化症(ALS: amyotrophic lateral sclerosis)という難病の患者にとっては,この問題点が明白になることを論じ,ALS患者はいかに自身の身体を価値づけているのかを検討するというより具体的な課題が提示される。(第3節)。次いで,ALS患者へのインタビュー調査のデータを紹介しながら,ALS患者がもつ健常性をめぐる観念を検討していく(第4節)。先回りして述べると,明らかになるのは,能力はあるに越したことはないという論理を維持したまま,能力のない身体を肯定するという当事者の意味づけである。こうした議論は,ひるがえって逸脱に対する障害者の内在的な評価という論点に,障害学がこれまで以上に正対することを要請するだろう(第5節)。

2 健常性をめぐる既存の議論

(1) 価値の転換による全体の肯定

本節では,障害に対する否定的な価値づけへの抵抗がいかにおこなわれうるかを確認する。その上で,それが別の価値づけを呼び込んでしまうこと,それゆえに,これまでの障害学理論では,理念的な水準での肯定ではなく,具体的な場面での包摂を経由した障害の肯定という戦略が選ばれたことを指摘する。

この社会は,多数派たる健常者の,健常な身体を想定して編成されている(Rauscher and McClintock 1997; Gleeson 1998)。こうした理想の身体を前提とし,肯定的に価値づける規範は,健常主義(Ableism)と呼ばれる。様々な配慮がおこなわれるようになりつつあるとはいえ,物理的な障壁にとどまらず,慣行や制度,心理的距離など,ある種の身体を生きる人々にとって不都合なものはいまも世の中に遍在している。

こうした環境の中では，障害者は理想の身体から逸脱した存在として扱われ，低い価値づけを与えられる。そして，往々にしてそれは障害者本人にも内面化されてしまう。障害者本人も，そうした環境の中で社会化されるからだ。健常者であるうちに社会化を経験した中途障害者の場合には，そうした内面化の傾向がより強くなるだろう。このように社会がもつ規範を障害者が取り入れたものは，近年の研究では内面化された健常主義（Internalized Ableism）とも呼ばれている（Campbell 2008; Ashby 2010）。一方で，実践的には同様の事態は早くから気づかれており，たとえば，脳性麻痺者の当事者組織である青い芝の会を牽引した横塚晃一は，「健全者幻想」という言葉でこうした事態を批判している。横塚は，健常者に憧れ，障害のある身体を低く価値づける価値観が障害者自らにあることを指摘し，これと戦い続けることを言う（横塚［1975］2007: 62-5）。ともあれ，こうした障害者自身の内面的な否定的価値づけをいかに緩和していくかは，障害学や障害者運動にとって長らくの課題であったといえるだろう。

　こうした否定的価値づけに抗う論理として，早くから注目されたものが障害の文化である。ジェニー・モリスによれば，障害の文化は，健常であることを強要する社会の圧力に，そして障害者自身がもつ偏見に気づかせてくれるものである（Morris 1991: 37）。障害の社会モデルに対して包括的な検討をおこなった星加良司は，障害の文化を社会モデルのなかに位置づけている。星加によれば，障害者が経験する不利益は，社会的に価値のあるとされる活動を基準とした際に，否定的な評価が下される状態として定式化される。これを社会的な水準で解消する方法としては，直接にはそうした価値ある活動をできるようにする方法が挙げられるが，もうひとつの方向性として，そもそもの社会的価値の書き換えという方法もありうる。障害の文化とは，この後者の路線である（星加 2007: 116, 298）。

　そうした書き換えの実践がおこなわれる具体的な場のひとつが，自立生活運動におけるピア・カウンセリングである。自立生活運動は，

施設や親元ではなく，多くの人がそうするように障害者が地域で暮らすことを求め，支援する運動である。そうした運動のなかでも，障害者同士で悩みや日々の困難を共有し助言するのがピア・カウンセリングという支援である。星加（2007）による引用とも重複するが，自立生活運動の取り組みを考察した岡原正幸・立岩真也（[1990] 2012）を参照しよう。彼らは，ピア・カウンセリングにおいて犬食いのように食事をする自分が恥ずかしいと言う障害者の例を挙げる。健常者のような食べ方をしないことを恥ずかしいこととして感受するのは，上にも見た健常主義の内面化の典型である。この障害者に対し，ピア・カウンセラーは犬食いでも堂々と食事をする障害者の話をし，障害を理由とした自己否定感情を緩和するのである（岡原・立岩［1990］2012: 247-8）。健常者と同じような手段で食べたり歩いたりするのが良いという考えは慣習としてあり，しかし慣習に過ぎず，ゆえに普通のやり方でないから悪いということではない（立岩 2002: 57-9）。食べるという同じ目的を達成できるのであれば手段はどうでもよい，というかたちで，ここでは食べ方をめぐる社会的価値が書き換えられ，健常者と同じ手段で食べられないことに否定的評価を与えるような基準がずらされているのである。

　ここで注意すべきは，ここで肯定されているのが，障害を含めた個人全体であるということである。すなわち，自身と障害を切り離して，障害をもってはいるがそれは自身の本質ではない，とするのではなく，障害を含めた自身がまるごと肯定されるのだ。これは，障害者同士の分断を警戒するがゆえの方略である。というのも，前者の考え方では，そうした切り離しが難しい精神障害や知的障害の排除，ひいては障害者内部での分断が招かれる可能性があるからだ。たしかに，中途障害を対象としたリハビリテーションではしばしば前者の考え方が採用され，障害はないならないに越したことはないが，そうはならないのでいかに対処するかという次善の策としての価値転換が言われる（上田 1983）。岡原と立岩も，それらの人々のように，健常であった自身の

身体をこそ本来の姿だと思う場合には，前者の発想がとられがちであることを認めている。しかし，先天的な，あるいは小児で得た障害の場合にはそうした切り離しは難しいし[1]，先にも触れた分断にもつながる。ゆえに，障害者運動では基本的には後者の考え方のもと，障害に対する否定的な価値づけへの抗いが試みられるのである（岡原・立岩［1990］2012: 248-53）。

(2) 価値の密輸入

　以上のような論理や運動は，たしかに健常者とは異なることが必ずしも悪いことではないという価値転換に貢献してきた。しかしながら，上記のように丸ごとの個人を肯定するという方向性が，障害者の分断を招かないと考えるのは早計である。上の例で言えば，犬食いを肯定することは，（健常者のように）箸を使って食べることの良さを相対化する一方で，その背景で口から食べることの良さを温存している。犬食いをさらに目的（栄養補給）と手段（経口摂取）に分割したとき，経鼻栄養や胃瘻[2]といった手段でも構わないではないか，という主張がされないのであれば，そこでは経口摂取という手段の良さは肯定されている。手段と目的の切り分けは恣意的なものなのだ。それぞれの場面で個別具体的な障害者が採用できないものが手段に過ぎないとして等価な方法を探す対象となり，逆に可能な手段はむしろ積極的に採用されるのである。それは，そこで肯定された手段を採用できない障害者を潜在的に排除する論理たりうる。岡原と立岩は，障害を切り離した残余を本質として肯定するという方法が障害者の分断を招くとしたけれども，障害を含めた総体として個人を肯定する方法もまた，その背後で一定の能力の良さを追認し，それをもたない人というカテゴリを生むのである。

　同様の問題を，榊原賢二郎（2016）は新井孝昭（［1996］2000）を引用しつつ，ろう文化を対象に指摘している。手話を言語として捉え，自身らを障害者ではなく言語的少数者と定義するろう文化は，障害の

文化の好例としてもしばしば参照される。たしかに、音声言語を用いることは健常者的な文化に過ぎないのであって、手話をこれと等価な手段として位置づければ、聴覚障害者に否定的な価値づけをおこなう基準は相対化されることになる。しかし、こうした立場は表情や顔色なども含めた様々なコミュニケーションの中でも、とりわけ言語を高く位置づける「言語帝国主義」（新井［1996］2000: 66）を呼び込み、中途失聴者らによって用いられるシムコムと呼ばれる手話単語の連結は、独自の文法をもたない、言語としては不完全なものとして否定的評価を下されることになる（榊原 2016: 195-202）。これも犬食いの例と同様、ある否定的評価の書き換えをおこなうと同時に、ある別の状態が肯定されるがゆえの事態である。

　以上のように、障害者に対する否定的な価値づけに抵抗しようとすると、それが反転することで別の人々を否定的に評価する尺度が出現してしまうのだ。これは、ある状態の障害者の状態を肯定的に評価することにともなうコロラリーであって、論理的に避けようがない。これは、能力があることの良さの帰結なのだ。たしかに、能力がないほうが良いとされることもあるし、他人にとって都合がいい、あるいは他人に任せるのが不愉快であったりするから、能力の良さが前提されるに過ぎない場合もある（立岩 2011）。能力の有無と規範的な良さは、さしあたり独立の問題だ（川添 2017）。しかし、ある人にとって望ましい能力があることは、その人にとって望ましい状態である。この同語反復において持ち出される尺度は、望ましくない存在を論理的に伴ってしまう。

　ゆえに、榊原（2016: 210-3）は、障害の価値を非負化するに際して、価値の転換という方略を個人の水準に留め置き、理論的な水準では個々に適した処遇を通じた社会的包摂という方向性を採用することになる。すなわち、障害に対する否定的な価値づけを直截に書き換えようとするのではなく、適切な処遇によって社会的排除がなくなることを経由して、その原因として観念されやすい身体に対する否定的価値

づけの緩和を目指すのである。上の食事の例で言えば，犬食いをしようと胃瘻を用いようと，そのやり方を採用することが誰からも妨げられず，蔑まれず，咎められないのであれば，ひるがえってそうした身体をもつことに対する自己否定も緩和しうるということだ。では，障害者がもつ内面化された健常主義をめぐる論点は，以上をもって解決としてよいだろうか。次節では，その隘路を検討していこう。

3　問題が問題となるとき ── 経験的事例の選択

　本節では，社会的包摂とは別の回路で，障害者の自身に対する否定的価値づけを塗り替えることがいかにおこなわれうるかを問わなくてはならないことを述べる。

　前節では，社会的包摂を経由することで，障害者の自身に対する否定的な価値づけを回避しようとする議論を確認した。しかし，それでもなお，こうした否定的価値の内面化をいかに緩和していくかという論点は，それ自体重要なものとして残り続ける。なぜなら，社会的包摂がおこなわれることで，むしろそうした内面化された否定的価値づけの問題が前景化することが指摘されているからだ。前節でもみた健常主義という概念をめぐる議論を牽引するひとりであるフィオナ・キャンベル（Campbell 2008）によれば，環境の改変によって障害者の不利益を解消しても，それがパターナリズムないし憐憫に基づいているとき，そうした試みはかえって障害に対する否定的な価値づけを（再）構成してしまう。たとえば，空港の搭乗口で優先搭乗する車椅子ユーザーや，ノートテイクボランティアと一緒に授業を受ける聴覚障害学生が，「不幸にも障害をもってしまった可哀想な人たちなのだから，そうした支援を受けられたほうがよい」という考えに晒されるといった場合だ。日本の障害者運動の中から障害学を規定する発想を取り出そうとした堀智久も，いったん障害に対する否定的価値観を引き受けてからこれを打ち消すという段取りに，社会モデルの論理がも

つ困難を指摘している[3] (堀 2014: 193-6)。実際,榊原 (2016) も,各個人がそれぞれに価値観を改め,障害者である自身を肯定するという方法それ自体を批判するわけではないだろう。そこで述べられるのは,あくまでそうした方法が「他人の生について饒舌過ぎる」(榊原 2016: 202) がゆえに,障害を解消すべき現象として捉える理論の基盤として不適切であるというにすぎない。否定的な価値の内面化を打ち消していくための方法は,それとして必要なものなのである。

では,前節で見たような価値転換が,他者を評価する尺度に転用されないならばそれでよしとしてよいだろうか。仮に,そうしたやり方が,他者の生を評価する尺度として過剰に使われないとしよう。たしかに,それは一見して問題はないように思われる。たとえば,犬食いで食べることに対する周囲の目が否定的なものでなく,そうした食べ方を自身のやり方としてポジティブに捉えるような価値転換がおこなわれているのであれば,それは一見して非問題的だ。そのように口から食べられている人に対して,なぜ経鼻栄養や胃瘻を使わないのだ,それはそうした方法を採用している他者への差別ではないのか,と批判を向けることは,直感的にもおかしい。ある手段が普通とされ,それ以外が逸脱とされることの問題は,それが社会的に共有された価値設定であるがゆえに後者の方法をとる他者が抑圧されることにある。よって,個々の障害者が不自由なく行使できる能力をそれぞれに使うことはそれほど問題とされないことがほとんどだろう。そこまで忌避するのは取り越し苦労であるように思われるかもしれない。

しかし,こうした方法が論理的な困難に行き着く場面がある。それは,障害の進行,あるいは二次障害といった現象を考慮することで明らかになる。すなわち,ここで他者とされている人が,未来の自分であった場合である。たとえば,進行性の筋萎縮性疾患によって,口話 (口を用いた音声言語による会話) が難しくなった人がいるとしよう。それでも,話す方法としての口は手段に過ぎず,高次の目的であるコミュニケーションは筆談という別の手段によって達成可能となる。だ

から口話ができないという能力の無さは，悪いことにはならない。ここまでは従来の障害学の論理に沿ったものだ。けれども，その背後では筆談ができるという能力があることの良さが維持されてしまっているのであった。そしてその良さが症状の進行によって失われうるとしたらどうか。自分がある能力 A をもたないことの悪さを打ち消すために，別のある能力 B をもつことの良さを利用してしまうと，その能力 B がないことが悪いことになってしまう。自分がある時点でもっている能力 B を縁として自身に対する否定的な価値づけに抗すると，その能力 B が失われた将来において，その抵抗策は（その価値基準を維持するかぎり）自身の価値を貶めてしまうのである。もちろん，この例で言えば筆談ができなくなってもまだコミュニケーションをとる方法はあり，そのための機器の開発，介助者の育成など多角的な支援はおこなわれている。しかし，この問題点は論理的にどこまでもつきまとうものである。喪失が予期される場合，現在の自身を肯定することが，未来の自身に刃を向けることになってしまう。こうした議論は，ここで例に挙げた筋萎縮性疾患に限らず，脳性麻痺の二次障害や，障害者の高齢化にも一貫して当てはまるだろう。既存の障害学の論理がもつ難点は，障害の進行という視点を導入したとき，もはや杞憂ではないのだ。

　では，こうした状況を前にして，否定的価値づけの内面化に，障害者自身はいかに抗いうるだろうか。これを考えるためには，そうした進行する障害を生きる人々が，いかに能力に拘泥し，また能力の良さを相対化しているのか，その実践を見ることから始めるほかない。そうした人々が健常性や能力の価値を相対化する実践を理解し，記述することによって，経験的事例から理論を検証すること。ここにおいて，社会学は調査科学としての側面から障害研究に貢献しうるのだ。

　こうした背景から本章が経験的な対象とするのは，筋萎縮性側索硬化症（ALS: amyotrophic lateral sclerosis）という疾患の患者の療養である。ALS は上の例にもあげた筋萎縮疾患のひとつで，症状の進行に

伴って患者の運動機能は衰微していく。進行性であることに加え，多くの場合中高年で発症することから，患者が健常な身体を長く生きた経験をもっていること，それゆえに健常性という価値との葛藤が現れやすいことなどからも，ALS は本章の問いに妥当する事例である。

ここで調査方法について簡単に述べておこう。筆者は 2012 年より，患者会や在宅療養を支援する NPO の紹介で，複数の ALS 患者や家族，支援者と接触し，その生活の様子を観察したり，インタビューをおこなってきた。ここではその中から，本章の目的に照らして示唆的と思われる語りを提示し，先の問いを検討していく。インタビューに際しては，個人情報の保護や論文での参照，回答の拒否や中断の自由について説明をしたのち，協力をお願いした。インタビュー以外の場面での会話については，あらためて論文での参照について問い合わせ，承諾を得た。

4 事例の検討

(1) 進行による困難

ある時点で採用した価値基準が，のちに自身を傷つけてしまう。それを回避するための方法としては，そうした否定の契機が現れるごとに価値基準を更新するというものがありうるだろう。本節では，まずそうした方法が採られる様子を，障害に応じたコミュニケーション方法の移行をめぐる A さんという患者と周囲の人々のやりとりに見る。その上で，その方法がもつ困難を指摘する。

前節でも例としたが，コミュニケーション方法の制限は筋萎縮疾患の患者が直面するなかでも大きな問題のひとつである。日常的な会話はもちろんのこと，必要なケアや生活方針の決定などを伝えるにも，意思疎通方法の確立はその前提となるものである。人工呼吸器を装着し，全身不随に近い A さんは，口話や筆談といった方法が制限されている。そこで A さんが用いるのが，口文字というコミュニケーシ

ョン方法だ。この方法は，運動機能が比較的残りやすいとされている口やまぶたを用いる。たとえば，「も」という文字を伝えたい場合，Aさんは口を「も」の母音である「お」のかたちにする。介助者はそれを読み取り，五十音表の「お」段を「おこそとのほもよろを」と読んでいく。介助者が「も」と言ったタイミングでAさんはまばたきによって合図を出すので，介助者はAさんが伝えたかった文字が「も」であるとわかる。患者ごとに細かな違いはあるが，おおむねこうしたやりとりを一文字ずつ繰り返して単語や文章を作っていくのが口文字という方法である。

　口文字は患者と介助者の双方にある程度の習熟を要するものの，慣れれば相当な速度で文章を作ることができる上，電子機器をはじめとした道具に頼らないために，災害のような非常時も含めて環境の変化に強いといった特長をもつ。そのため，Aさんは患者会の活動でも口文字の普及に力を入れ，介助者の養成講座などではほぼ毎回自ら練習相手となって介助者の技術習得を図ってきた。

　前節までの議論に引きつければ，口文字という方法は口話や筆談を代替するコミュニケーション手段であり，意思を伝えるという目的が達成されるのであれば，それらの方法は無差別である。もちろん実際にはそう簡単に割り切れるものではなく，Aさんもなにか能力が戻るなら何がいいかと問われて話せるようになりたいと答えるときもあった。とはいえ，なんらコミュニケーションがとれない状態に比べれば，口文字という方法が使えることは，さしあたり日常生活上の不便を軽減するし，健常とされるコミュニケーション方法の良さを相対化し，健常とされるコミュニケーション方法がとれないことを悪いと観念することを控えさせることはあるだろう。

　しかし，前節での議論によれば，こうした価値観の転換による自己否定感情の相殺という方法が，障害の進行によって脅かされるのであった。その様子はAさんにも見られる。最近，Aさんは口の動きが小さくなっており，読み取るためには介助者により高度な熟練が求め

られるようになっている。そのため，ここしばらくは薄い透明なボードの上に書かれた五十音表の中から伝えたい文字を順に見つめる，透明文字盤という方法を併用する頻度が上がっている。介助者は，そのことをAさんが気にしているのではないかと語る（2017年7月31日）。口話や筆談ができなくなっても口文字があるからコミュニケーションは続けられるという論理をもち，それを広める活動をしてきたAさんは，口文字でコミュニケーションをとれる状態を肯定的に評価する価値基準を設定したのだが，口文字がしづらくなったときには，その価値基準は否定的価値づけの根拠に反転しうるのである。

　もちろん，それほど気に病むことではないと介助者は言う。口文字と同様に，透明文字盤も代替的なコミュニケーション方法であり，仮に口文字が使えなくなったとしても，新たに透明文字盤によるコミュニケーションを肯定する価値基準を設定すれば，Aさんの状態は否定的に評価されるものではない。このように，現状の身体の肯定という目標を維持するなら，それが難しくなるごとに新しい価値基準を立ててしまえば，障害の進行を踏まえたとしても，前節でみたような問題は発生しないように思える。

　しかし，そのように進行に応じて漸次，価値基準を更新していくことは別の困難に行き着く。Aさんと関わりの深い作業療法士のBさんは，上記のようにコミュニケーションの方法を突き詰めていくことが「TLSを肯定しちゃうことになる」という（2017年7月31日）。TLS（Totally Locked-in State）とは，全身不随に至り，まぶたや指先，眼球なども含めてあらゆる随意的な運動ができなくなり，意思があるのにそれを外部に伝える手段を完全に断たれた，完全な"閉じ込め"状態を意味する[4]。TLSはALS患者がもっとも恐れる状態といってよいだろう。

　こうした状態を肯定するとはどういう意味だろうか。たしかに，できなくなるにつれて価値観を逐一更新していけば，その時点での状態は常に肯定されることになる。口話ができなくなっても筆談ができ

（るのだから良く），筆談ができなくなっても口文字ができ（るのだから良く），口文字ができなくなっても表情でコミュニケーションはできる（のだから良い）。しかし，その後退は最終的に「なにもできなくても良い」に行き着く。Bさんの言うTLSの肯定とはそうしたニュアンスだと思われる。そうした存在それ自体の肯定は，それが可能であれば，またそれに満足できれば，根源的で確固たるものになるだろう。しかし，他人から押しつけられる能力の良さではなく，自身が行使することが自身にとって良いことであったような能力の良さについてそう達観することは難しいことだ。健常な身体を生きた経験をもつALS患者であればなおさらである。支援者であるBさんも，何かができなくなることを否定的に評価することは避けつつも，しかしそれがTLSの肯定に行き着いてしまうことに葛藤をもっているようであった。その理由は，能力の良さを全面的に相対化して存在それ自体を肯定することが患者にとって難しいことをBさんが理解していることのみならず，そうした肯定の作法が患者の身体的機能を維持ないし補完するという作業療法士の役割の基幹と相反してしまうことにもあるだろう。

　前節では，進行という現象によって，価値転換を基軸とした否定的自己レイベリングへの抵抗が不全に陥ることを理論的な水準で指摘した。本項では，まずその問題が経験的にも確認され，また逐次の価値転換という作法は対処療法的にとられるけれども，その先にある完全な無能力の肯定は困難であるという問題が残されてしまうことが示された。

⑵ 自身を肯定するために能力の良さを前提する

　もちろん，コミュニケーションが人生のすべてではない。事実，上記の問題に直面するAさんも，それゆえに自身の生の全体を否定的に捉えるようになっているわけではない。ある大学でおこなわれた講演で，Aさんは治療が可能になっても健常な身体に戻りたくないと

話した。「いろんなところへ行ってこの病気のことを知ってもらう」という「生きがい」があるからだ（岡﨑 2016）。もちろん，それは患者会の要職を勤めるAさんの役割演技としての側面もあるいはあるのかもしれない。しかし，できなくなっていくことによって価値が失われるように感じられたとしても，別の価値でそれは補填しようとするという実践がまず可能である。そして，Aさんがここで提示する「生きがい」は，もちろんそれを支える制度や支援者を不可欠とした上で，「症状が進行することによって」できなくなることではない。ゆえに，それはできなくなるごとに逐次価値転換をおこなうといった作法を必要とせずに，Aさんの生を肯定するものになりうるのだ。

　とはいえ，そうした別の価値の挿入は，あることができないことを無化しないし，できないことをどのように扱うかという論点は，能力が喪失されていくALSにおいては，残るばかりかむしろ肥大化していく。では，ALS患者はいかにして自身の「身体の」状態を——前項に見た無限後退がもつ困難を避けながら——肯定しうるのだろうか。

　これを考えるにあたり，次に挙げるのはCさんという患者の様子だ（2017年6月10日）。まず注目するのは，CさんがDさんという別の患者の自宅を訪問した際の出来事だ。Dさんは全国各地から患者を招くとともに，ブログやSNSなどでも活発に自身の生活を伝えている，病歴20年以上の「ベテラン」患者である。Cさんも，気管切開をして人工呼吸器を使い始める1年ほど前，将来に備えた見学として，Dさんの自宅を訪問した。その際，往路では車椅子を使わずに無理に歩こうとしたが，Dさんのアドバイスを受けて，復路は車椅子に乗ったのだという。自身を評して「（障害の）受容は早かった」とCさんが語ることと考え合わせても，これは一見して従来の障害学が想定するような価値転換を示すエピソードのように思える。すなわち，自分の足で歩くことが健常者らしいやり方であるとしても，そこでの目的はあくまで移動することであって，車椅子は足と機能的に等価である。車椅子を使うことが望ましくないことであるという価

値観はそれほど信じるに値するものではないという評価基準の書き換えがおこなわれたという解釈だ。こうした発想の転換が，患者同士の交流からもたらされるのも，先に見たピア・カウンセリングの好例であるかのようにみえる。

　しかし，CさんがDさんから受けたアドバイスの内容を踏まえると，この事例はそれほど単純な話ではない。というのも，無理をしてでも自分の足で移動しようとするCさんに対し，Dさんは「筋肉を休ませるためにも」と車椅子の利用を勧めたのである。症状の進行によって身体的な機能を喪失していくALS患者にとって，ある行為をすることは，ある目的を達成するための手段であると同時に，その行為が可能であることの確認という側面をもつ。そして，それはCさんの妻曰く「ひとつのことをやめてしまったらもうできなくなるんじゃないか」という恐怖と裏表の関係にある。[5] それゆえ，なかには筋肉トレーニングなどに邁進する人もいるほどに，残存機能にこだわるALS患者は多い。Dさんのアドバイスは，この恐怖を緩和するものと解釈できる。すなわち，「しないこと」と「できないこと」の接続を分断し，あくまで休ませているだけと伝えることで，Cさんの考え方に別の視点を導入しているのである。歩行機能が落ちていく中で無理に歩こうとすれば転倒の危険があり，それは本人にとって望ましくなく，また家族や支援者にとっても追加の負担をもたらしかねない。その意味で，こうしたDさんのアドバイスは，さしあたり療養の実際的な水準で効果をもつ。

　しかし，本章の関心から重要なのは，このアドバイスをしたDさんは，またそれによって考え方を変えたCさんは，自分の足で歩くことは（それ以外の方法に比べて）良いことである，という価値観を，相対化することなく温存しているという点である。「障害をもった人が，足で歩くことへのこだわりを捨て，車椅子を使い始めた」という外形のみを見ると，あたかも従来の障害学が想定する価値転換が起きたようにも思えるが，実態はその逆で，健常者的な能力を肯定する価

値観がむしろ一貫しているのだ。こうした価値観は，別の場面にも見いだせる。たとえばCさんは，気管切開をともなう侵襲的な人工呼吸器療法を始めるに際して，喉頭気管分離術という方法を採用している。これは喉頭を摘出しない方法であり，Cさんがこれを採用したのは，Cさんの妻曰く「治ったときにっていうことも考え」たからである。喉頭を摘出してしまうと，ALSが治っても声は失われたままであるが，喉頭が残っていれば再び口話によってコミュニケーションが可能になる。気管切開に際してのこうした判断も，車椅子のエピソードと同様に，話せるなら話せたほうがよいという能力をめぐる価値観の維持を示すものである。同様に，Dさんは胃瘻を造設せずに経口での食事を続けている。これも，口から食べられるならそのほうがよいという価値観の表れとみることができる[6]。

Cさんの妻の語りが示すように，こうした価値観が表れる前提には，治療への期待もあるだろう。ALSは現状治療ができない疾患であるが，その事実にはいつか治療できるようになるという期待がともなう。そのとき，「いまはできない」身体は「いずれできるように戻る」身体として捉え直される。治療という勝利のための布石となることによって，現状でなにかができない身体は，そのできなさゆえに否定的に価値づけられる可能性を依然残しつつも，肯定的に価値づけられる理路を得るのだ。ここでは，治療を志向するという障害を逸脱とみなす価値観が，一転して身体を肯定するための補助線となっている。進行する症状を抱えるALS患者は，従来の障害学に沿うかたちで今ある身体を肯定すると，将来の自身の身体を否定的に価値づけるに至るという隘路を抱えている。にもかかわらず，ALS患者がその身体を肯定する理路があるとすれば，それはこうした事例が示すような発想の転換によるのである。それでは，こうしたALS患者の事例は，身体への否定的な価値づけをめぐる既存の議論に対していかなる意義をもつのだろうか。次節ではこの点を述べて，本章の結論とする。

5 結論

　前節に見た事例は，能力があることを肯定する価値観の強靱さに気づかせるものである。能力を喪失するという経験をする ALS 患者が自身を肯定する方法は，能力の良さを相対化することによって達成されるものではなく，むしろその価値観を前提とした上で，自身と能力の接続を図るというパラドキシカルなものであった。同じように車椅子を使い，白杖を使い，犬食いで食べているとしても，それを奇異とする社会の側の評価基準が突き放されているとは限らない。そうした人々は，いつかはそうでなくなることを期待しながら，次善の策としてそれらの方法を採用しているに過ぎないかもしれない。ALS 患者のような発想は，従来の障害学から見れば，こうした同床異夢とも呼ぶべき事態がありうることを示している[7]。

　そのような発想を，健常者中心主義的な価値観の維持として批判することは容易い。実際，健常でなければならないという観念によって ALS 患者が精神的な労苦を重ね，療養が困難になってしまうのであれば，その原因は取り除かれた方がよい。しかし，事はそれほど単純ではない。まず，ALS 患者がこうした発想を編み出す背景には，症状の進行という特性ゆえに身体を肯定するための既存の方法を適用できないという事情があり，そしてすでに触れたようにこの進行という現象は，多かれ少なかれ他の障害にも共通する部分がある。くわえて，急速に発達する医療科学技術は，ALS の場合と同様に，その他の障害についても「治す」可能性を開きつつある。先駆的には人工内耳によって，ある程度の聴力を得ることができた人々はすでに存在している。網膜の移植手術によって視力を得る人が，再生医療によって脊髄損傷を回復させる人が，これに続く兆しもある（Mandai et al. 2017; Manley et al. 2017）。つまり，現実問題として，前節に見た ALS 患者のような理路を通じて，自身の身体を肯定しようとする障害者は

これから増加していく蓋然性が高いのだ。

　こうした発見は，障害者への個別の支援，とりわけ本人の自己否定感情を緩和する場面における慎重さを，これまで以上に障害学・障害者運動に要請するだろう。健常者らしい方法があくまで手段のひとつに過ぎず，称揚するにたる価値をもってはいないことを伝えることは，必ずしも本人をエンパワメントすることにつながらないかもしれない。もとよりそうした場面で理念の押しつけがおこなわれることは忌避されているだろうけれども，内面化された健常主義の解消にあたっては，その人が能力に対してどのような価値づけをおこなっているかを見極める必要がある。

　その点では，複数の多様な患者を緩くつなげ，様々な視角からピア・カウンセリングをおこなう可能性を担保するという患者会の役割はより強調されてよいだろう。たしかに，同じ疾患・同じ障害であれば，そうした健常性に対する価値観の置き方，その療養の中での捉え方について，より有益なアドバイスが得られる蓋然性は高くなると思われる。しかし，まったく同質な患者同士ではピア・カウンセリングで得られるものは小さくなるだろう。なぜなら，先行研究における犬食いの例や，本章のDさんのアドバイスのように，違った視角から疾患や療養に対する考え方を提示することが効果をもつからだ。互いに差異があるからこそ，有益なアドバイスを得られることがあるのである。また，障害の同質性を追求することは，とりわけ絶対数の少ない稀少疾患の患者にとって，連帯の可能性を目減りさせてしまう。ゆえに，大枠で同じ目標をもっている患者のネットワークを形成しつつも，その中でひとつの価値観を強要することなく，多様な発想の発信源となり，その中から自身が利用できる実践をそれぞれに参照できるようなプラットホームとしての役割が，患者会に求められるのだ。

　ある時，Aさんは，障害者と病者の双方を生きる自身を蝙蝠と呼んだ（2017年2月5日）。これまでの障害学による想定のみでは，そうした人々による自身への価値づけのあり方は捉えることができない。

本章は，蝙蝠を生きる人々の実践を導きとして，この社会において能力があることの良さ（と，それほどでもなさ）を捉え直していく，そうした作業のひとつであった。

【注】

[1] このほか，上田の価値転換論に対しては，その単線的なモデルや転換を前提とした価値観，個人の問題への還元などについて批判がある（南雲 2002; 田島 2009）。とくに，問題の個人化は社会を包摂的に改善していくための方向性が見えづらくなるという問題点を孕むもので（伊東 2017），障害とその個人を切り離すか否かによらず発生する点でも正対すべき批判である。本章では結論部において，そうした価値転換の様子から導出される，可能な支援のあり方について述べ，この批判へのリプライとしている。また，障害はないに越したことはないという観念への稀な反例として，望んで障害者になろうとするトランス・アビリティという人々の存在を指摘できる（Stevens 2011）。

[2] 嚥下障害などのある人が，腹部に穴を開けることで胃に食物や水分を直接流せるようにする処置を胃瘻造設術と呼び，その穴を胃瘻と呼ぶ。

[3] 榊原のいう社会的包摂とは，必ずしも障害の社会モデルに基づいたものに限定されないものの（榊原 2016: 171-5），実際上は大きく重なると思われる。

[4] 侵襲的な人工呼吸器療法をおこなう ALS 患者のうち，12.6％が TLS の状態に行き着くという調査報告がある（川田ほか 2008）。ただし，この中には，わずかながらも動かせる箇所を見落とされて TLS とされてしまっている人が含まれている可能性がある。また，仮に随意的な運動が一切できなくなってしまった場合でも，脳からの命令を伝える筋電位を身体外部から読み取って，意思疎通の手段とする機器が開発されており，商品化もおこなわれている。

[5] A さんも，何かをやめることを「できなくなることの象徴」として語っていた（2014 年 1 月 28 日）。

[6] 前傾姿勢をとった状態で，介助者がスプーンで食べ物を流し込むのが D さんの食事のスタイルである。なお，D さんは喉頭を摘出しており，そのぶん喉にスペースがあるため，食道に食べ物を流し込みやすくなっている。

[7] もちろん，本章の議論からはすべての（多くの）ALS 患者がそのような発想をもっているとは言えない。実際，深瀬和文さんという患者は，前節にみた B さんの懊悩を受けて「深く考えなくていい」と言う（2017 年 7 月 31 日）。ここで示されるのは，障害者を抑圧する健常であれという規範が，障害者が自己を肯定するための道具としても機能する論理があるという事実である。もちろん，深瀬さんのように，身体や能力について考えをめぐらさずに済むならそれに越したことはないのかもしれない。なお，深瀬さんは，その方が

「印象的になる」(2017 年 12 月 3 日) という理由から実名での記載とした.

【文献】

新井孝昭([1996] 2000)「「言語学エリート主義」を問う──「ろう文化宣言」批判を通して」現代思想編集部『ろう文化』青土社, 64-8.

Ashby, Christine (2010) "The Trouble with Normal: the Struggle for Meaningful Access for Middle School Students with Developmental Disability Labels," *Disability & Society*, 25(3): 345-58.

Campbell, Fiona A, K. (2008) "Exploring Internalized Ableism Using Critical Race Theory," *Disability & Society*, 23(2): 151-62.

Gleeson, Brendan J. (1998) *Geographies of Disability*, London: Routledge.

堀智久 (2014)『障害学のアイデンティティ──日本における障害者運動の歴史から』生活書院.

星加良司 (2007)『障害とは何か──ディスアビリティの社会理論に向けて』生活書院.

伊東香純 (2017)「障害の心理感情的な側面の社会モデル構築の試みの批判的検討」障害学会第 14 回大会報告原稿.

川田明広・溝口功一・林秀明 (2008)「Tracheostomy positive pressure ventilation (TPPV) を導入した ALS 患者の totally locked-in state (TLS) の全国実態調査」『臨床神経学』48(7): 476-80.

川添睦 (2017)「エイブリズムと差別のあいだの関係性について」障害学会第 14 回大会報告原稿.

Mandai, Michiko, Momo Fujii, Tomoyo Hashiguchi, Genshiro A. Sunagawa, Shin-ichi Ito, Jianan Sun, Masayo Takahashi (2017) "iPSC-derived Retina Transplants Improve Vision in *rd1* End-stage Retinal-degeneration Mice" *Stem Cell Reports*, 8(1): 69-83.

Manley, Nathan C., Catherine A. Priest, Jerrod Denham, Edward D. Wirth III and Jane S. Lebkowski (2017) "Human Embryonic Stem Cell-derived Oligodendrocyte Progenitor Cells: Preclinical Efficacy and Safety in Cervical Spinal Cord Injury," *Stem Cells Translational Medicine*, 6: 1917-29.

Morris, Jenny (1991) *Pride against Prejudice: Transforming Attitudes to Disability*, London: The Women's press.

南雲直二 (2002)『社会受容──障害受容の本質』荘道社.

岡﨑拓美 (2016)「見下す」野澤和弘編『障害者のリアル×東大生のリアル』ぶどう社.

岡原正幸・立岩真也 ([1990] 2012)「自立の技法」安積純子・岡原正幸・尾中文哉・立岩真也『生の技法』生活書院, 232-57.

Rauscher, Laura and Mary McClintock (1997) "Ableism Curriculum Design," Maurianne Adams, Lee Anne Bell and Pat Griffin, eds., *Teaching for Diversity and Social Justice: A Sourcebook*, New York: Routledge, 198-230.

榊原賢二郎（2016）『社会的包摂と身体——障害者差別禁止法制後の障害定義と異別処遇を巡って』生活書院.

Stevens, Bethany（2011）"Interrogating Transability: A Catalyst to View Disability as Body Art," *Disability Studies Quarterly*, 31(4).

田島明子（2009）『障害受容再考——「障害受容」から「障害との自由」へ』三輪書店.

立岩真也（2002）「ないにこしたことはない，か・1」石川准・倉本智明『障害学の主張』明石書店，47-87.

——— （2011）『人間の条件——そんなものない』イースト・プレス.

上田敏（1983）『リハビリテーションを考える——障害者の全人間的復権』青木書店.

横塚晃一（［1975］2007）『母よ！殺すな』生活書院.

6章
〈気詰まり〉を生きる吃音者
―― 言語障害と相互行為儀礼

渡辺克典

1 はじめに

　人前でどもってしまう言語障害がある。その言語障害は，傍目にはごくささいな発話の失敗にすぎない。「お, お, お, お,,, おはようございます」。会話をしている相手から見れば，ささいな言い間違いにすぎないだろう。言いたいことが言えないわけではない。ましてや，話ができないわけではない。会話がほんの少し〈気詰まり〉をおこすだけである。とるにたらない，あちらこちらで生まれては消える，小さな泡のような〈気詰まり〉をおこす言語障害は，「吃音」とよばれる[1]。吃音症状によって生じる〈気詰まり〉は，発話者の発話をきっかけとしているが，聴者という他者の存在を見過ごすことはできない。吃音は，発話者と聴者がいるからこそ成立する言語障害である。言い換えると，吃音という言語障害は，発話者と聴者による相互行為の場面において生じている。

　社会学者アーヴィング・ゴフマンは〈気詰まり〉が生まれるような会話の場面に，社会学の課題を見出した。ゴフマンは，人と人が出会うことで生まれる〈状況〉を研究の課題としていた。〈状況〉を社会学的視角から描くひとつの概念として，「相互行為儀礼」(IR)[2]がある。「ある個人が他者の現前にいるとき，彼は対人的儀礼という手段によって儀式的な秩序の維持をすることを誓っている」(IR: 168-169)。ゴ

フマンは，ありふれた〈状況〉に，対人的なルールともいえる儀礼の側面を浮かび上がらせてみせた。本稿は，相互行為儀礼の概念について確認したうえで，吃音者の対人的な儀礼を描く。吃音者は，吃音症状を発症する障害者であるだけでなく，「儀礼」を実践し〈社会〉を生きている姿を描く。

　ゴフマンもまた自身の著書の中で吃音者にふれることはあったが，それは多様な事例の一事例にすぎなかった。ゴフマンの相互行為儀礼を言語障害者に応用することによって，言語障害者に対して社会学的にアプローチする可能性を探求することを目指す。吃音者は，微細だが遍在する〈気詰まり〉という場面と向き合って生きていることを記していくことで，障害と社会について考えるための足掛かりとする。

　本稿では，吃音者が直面する次のような事例を用いている。第一に，吃音研究者の報告である。その研究者は，ともに吃音者でありながら代表的な吃音研究者でもあったウェンデル・ジョンソンとチャールズ・ヴァン・ライパーを選んだ。第二に，吃音者自身による吃音経験に関する叙述を用いた。第三に，在日韓国人であり吃音者であった文学者・金鶴泳の作品を用いた。金は，「凍える口」（金 1966 → 1972a）で吃音者の生きる世界を描いた。そしてのちに，「一匹の羊」（金 1972b）において，「凍える口」が自身の自叙伝であったことを告白している。「凍える口」もまた吃音者自身による吃音経験に関する叙述であり，吃音者の相互行為場面を提示するものとして用いる。[3]

2　会話の〈気詰まり〉と吃音症状

　はじめに，会話の〈気詰まり〉について考察するところから開始する。〈気詰まり〉とはいかなる意味をもつのだろうか。ゴフマンの視点を，吃音者の事例を交えながら確認する必要があるだろう。

　ゴフマンが相互行為とよぶとき，その場面は「知覚されているという感覚が知覚されるほどに近接して」（BP: 17）いるような場面を指し

ている。ゴフマンによれば、〈気詰まり〉が生じているような場面には客観的な徴候と主観的な徴候がある[4] (IR: 97)。客観的な徴候とは、相互行為に参与している人によって、視覚や聴覚によって観察されるような身体動作を指す。ゴフマンが引用する心理学者ジェイムズ・マーク・ボールドウィンによれば「眼を伏せる、顔を伏せる、手を頭のうしろへやる、指で服を神経質にまさぐる、指と指をからませる、どもる、つじつまの合わないことをしゃべる」(IR: 97) といった例が挙げられる。「どもる」という例が挙げられているように、吃音者の吃音症状は〈気詰まり〉の場面の客観的徴候の代表例として挙げることができる。注意すべきなのは、近接した相互行為という特徴から、吃音の症状は聴覚的に観察されるだけではなく、視覚的にも観察されるということである。

 治療者：ピーター、このごろ話をするのがたいへんなようだね。
 ピーター：うん、ぽ、ぽ、ぽ、ぼくはどどどどど,,, ども,,, どもるんだ。（子どもは固く目を閉じて、きつく閉じた唇はふるえていた。はげしい緊張と頭のがくんとした動きのあとにことばを発した）ひどくどもるんだ。(Van Riper 1963: 376)

　吃音症状が引き起こす〈気詰まり〉の場面に、以上のような客観的な徴候を見出すことはたやすいだろう。本稿で問題としたいのはそれら「客観的な徴候」をめぐる点にあるが、先にもうひとつの徴候を確認しよう。客観的な徴候のみが、〈気詰まり〉の場面を形成するわけではない。〈気詰まり〉はその参与者に独特の感情を引き起こす。それが〈気詰まり〉の主観的な徴候としての「当惑（embarrassment）」である。

　ゴフマンは〈気詰まり〉の場面に生じるような感情を、当惑として主題化する。安川一によれば、ゴフマンの示す当惑とは次のふたつの

ことを意味する。第一に，当惑はその相互行為が〈気詰まり〉であることによって生じる感情である。次の一文は，吃音者が自身の吃音症状に当惑する事態をあらわしている。

> たいてい子どもは自分のことばのとぎれに気づいていないが，ときに，注意深い親は，子どもの顔がおどろいた表情をしていることに気がつく。また，「言えなくなっちゃった」と泣き叫ぶこともある。（Van Riper 1963: 329）

同様に，子どもの発話がどもっていることに対する他者の当惑として，親の次のような反応を挙げることができる。

> 夫人「……わ，わ，わ，わたし学校にい，い，いきたいわ，といった調子ですの」
> 面接官「そうですか，2歳のお子さんがこうしようとは，きっと期待しておられなかったのですね」
> 夫人「ええ，あの，わたし，わたし期待しておりませんでした。あの子がそうした時，驚いてしまいました」（Johnson 1961＝1967: 35）

ゴフマンは，〈気詰まり〉の場面が生じさせる当惑についてのみ述べたわけではない。ゴフマンが主題的に論じたのは，当惑の第二の特徴である。安川によれば，ゴフマンの当惑は「均衡の回復ないし新たな均衡の創出に向かうプロセスの端緒」である。相互行為に参与している人は，当惑をきっかけとして相互行為の〈修復〉に向かう。ゴフマンが提示する当惑は，「ただの一過性の不都合なり"病理"なりなのではなく，相互行為世界の状態指標であるとともに，これを"健全"なものに回復するための装置」として生じる感情である（安川 1997: 150-1）。〈気詰まり〉の場面は，当惑という「装置」を通じることで，その解消に向かおうとする。次の例は，ことばが出なくなって

しまった吃音者（ブロックとよばれる症状）の，当惑を解消しようとする努力を描いている。

> 「‥‥‥‥‥」［ブロック症状］
> 沈黙を紛らわすために，ぼくはどんなふうにしゃべりだすべきかについて思案しているふうを装い，原稿を取り上げて，何枚か無意味にめくったりした。（金 1966 → 1972a: 40）

　発話者だけでなく，会話の聴者もまた吃音症状に対して当惑の解消をはかろうとするだろう。不意の沈黙からの修復装置としての当惑は，発話者あるいは聴者の個人的な感情として処理される。当惑を感じたから，その相互行為が不適切であるとみなされる。"健全"でない相互行為は，個人的な感情とされる当惑によって"健全"な相互行為に向かう。

　"健全"でない相互行為は，個人的な感情だけでなく，"病理"とみなされ医学的に分類されていく。相互行為で生じる〈気詰まり〉は，「客観的な徴候」とみなされ，医学上の徴候あるいは症状として診断されていく。たとえば，〈気詰まり〉を生み出すような吃音や沈黙は，「吃音検査法」とよばれる検査指標によって「客観的に」診断されていく[5]（赤星ほか 1981）。吃音者は，「吃症状［言語症状］が 2 文節に 1 回以上，吃音頻度 50％なら重症度ランク 5」といったように「客観的に」医学上の病理として診断されていく。

　ゴフマンが用いた当惑という考え方は，個人の感情や医学的な診断とは別の見方を提示してくれる。ゴフマンに倣って当惑に注目することで，当惑によって修復されていく"健全"な相互行為，流ちょうな発話による滑らかな会話のあり方を観察することができる。吃音症状を相互行為で生じる〈気詰まり〉として観察し描くことは，個人の感情でもなく，吃音を医学的な症状として「客観的に」診断することとも異なるアプローチとなる。そして，それは同時に，"健全"な相互

行為や流ちょうで滑らかな会話といった自明視されてきた出来事を,私たちの生きる社会のあり方を関連づけていくことにも接近することになる。

3 相互行為儀礼

ゴフマンによる相互行為の修復に関する議論として,相互行為儀礼がある。相互行為儀礼は,私たちの生きる社会のあり方と相互行為の修復,そして"健全"な相互行為そのものの内実を結びつける考え方のひとつである。

相互行為儀礼では,「儀礼」という考え方が重要になる。現代社会のあり方において「儀礼」を強調した社会学者エミール・デュルケームは,分業化した生活様式をもつ現代社会がいかにまとまっているか,という課題を立てた(Durkheim 1970=1988: 207-20)。分業化した社会では従来の社会に比べて諸個人が異質性をもって存在することになり,そこでは〈人間であること〉以外の共通項を失ってしまう。デュルケームは,諸個人がバラバラであるような社会の道徳の問題について考察し,「人格崇拝」という道徳を維持するような「儀礼」の働きが私たちの社会を維持していると論じた(Durkheim 1912=1975)。

ゴフマンは,デュルケームらが原初宗教の分析や人類学で用いた儀礼概念を現代社会へ応用する。ゴフマンによれば,デュルケームがつくりあげた儀礼の概念は,「都市的で世俗的な生活様式の側面を理解するのを助ける」(IR: 95)。ゴフマンは,他者の人格を敬っているということを伝える活動を〈表敬〉とよび,自分自身の人格を敬っていることを他者に示すような活動を〈品行〉とよんだ。〈表敬〉と〈品行〉を相互行為において示しあうことで,現代社会における人格崇拝は支えられている。以上のような,デュルケームの人格崇拝の応用としての〈表敬〉と〈品行〉に関する議論を,「相互行為儀礼」とよぶ。[6]
1956年の「表敬と品行の性質」論文によって,ゴフマンはデュルケ

ームの人格崇拝を応用し,デュルケームの議論から半世紀以上たってもなお「日常生活において人格崇拝がいかに実践されているか」(森 2000: 95) を記述した。

「人格崇拝」を原理とした相互行為儀礼は,日常のささいな会話のなかでおこなわれる。他者の人格への〈表敬〉は,次のような挨拶のなかで見出すことができる。

> 友だちが髪型を変えて学校に来たときには,ちゃんとそれに気づいて,「あ,髪切ったんだ」「似合ってるね」「すてきだね」と言って,(似合ってなくても!) ほめなくてはいけない。それが「あなたのちょっとした変化にも気づくぐらいあなたのことを大事に思っているの!」という印なのだ。(奥村 1997: 94)

また,ゴフマンが分析したのは,おもに公共の場における相互行為であった。相互行為は,公共の場において「コミュニティのメンバーが自由に出入りできるあらゆる領域」(BP: 9) であり,それは境界をもった独自の領域として描かれる。

> どんな対面的な相互行為であっても特徴的であるのは,おそらく,空間において,かつほぼ疑いなく時間において,相対的に境界を引かれている (circumscribed) ということである。(Io: 3)

そして,その境界内にふくまれるような相互行為において,その参入者は自身の行動を規制しているとゴフマンは指摘する。

> かかわりが,その境界と全体性 (integrity) を維持し,また集まりにのみこまれてしまわないようにするためには,参加者も傍観者も自分の行い (conduct) をその場にふさわしいように規制しなければならない。(BP: 155)

ゴフマンが相互行為を分析するとき，その場面は相互に知覚されている空間・時間の範囲において閉じている領域であり，相互行為儀礼とは領域内で交わされる会話の参与者同士が〈気詰まり〉のような場面を規制する行動のルール（IR: 48）となる。そこでは，近接しているがゆえに意図や目的をもたないような何気ない表出（PS: 2）もまた，視覚や聴覚によって知覚される。ゴフマンの主たる関心は，目的や意図をもたなくとも，相互行為の領域内にいるがゆえに知覚されてしまう表出行動にあった。ある状況を相互行為儀礼として描くことは，意図や目的をもたないように観察される表出行動を儀礼として抽出し，観察することである。

4　吃音者と相行為儀礼

　では，吃音者と非吃音者の〈気詰まり〉の場面を描いてみよう。[7]ここで描かれるのは，吃音者が〈表敬〉や〈品行〉といった人格崇拝を実践する姿である。
　さて，相互行為儀礼には，他者への敬意を示すような〈表敬〉と，自分自身の人格を敬っていることを他者に示すような〈品行〉があるのだった。これらの儀礼は，〈気詰まり〉から回復するような「修復的交換」（RP: 64-5）と，〈気詰まり〉の場面を引き起こさないように努める「補助的交換」（RP: 120）において表出される。以下では，修復的交換・補助的交換の2つの面から吃音者の相互行為場面を描き出す。

(1) 修復的交換
　はじめに，修復的交換の場面を描こう。吃音症状の発症によって，吃音者は〈気詰まり〉の場面を引き起こしてしまう。吃音者が取り組む修復的交換は，他者への〈表敬〉を表出することと，自身の〈品行〉を表出することである。ゴフマンは他者への〈表敬〉を表出する

修復的交換として,「言い訳」(RP: 109) や「謝罪」(RP: 113) を挙げる。それらは,吃音をとるにたらないことばの言い間違いとして相互行為を修復するものである。吃音症状の情緒性反応とよばれる「はにかみ」や「平静を装う」といったこともこれにあたるだろう(赤星ほか 1981: 199)。次の例は,〈気詰まり〉から相互行為を修復しようとする試みを記述している。

> 本人が吃りながら冷や汗をかいている状態のときには,聞いている方も一緒に胸が痛いんですよ。だから,一緒に冷や汗をかくんです。それってきついんですよ。だから聞いている人に胸痛ませないように,「くくくくく・ちょっと言えんちゃなあ」っていうぐらいに。そうするとね,聞く方が楽なんですよ。(村田 2001: 204)

「言い訳」や「謝罪」のような修復的交換は,その場面にふさわしく表出される必要がある。ふさわしくない「言い訳」や「謝罪」の表出は,同時に,自分自身の人格に対する不敬な行動となり,〈品行〉がない表出として修復をさらに困難にする。吃音者が直面する困難とは,〈表敬〉を表出できないことが,同時に〈品行〉がないことを表出してしまうことにある。次の例は,吃音者が直面している修復的交換の困難をよくあらわしているだろう。

> 「誰でもあせったりあわてたりすると吃りますよ」と人は言う。「言いたいことをすべての人が言えているわけではない」とも。しかし,名前を尋ねられて自分の名前が言えないということがあるだろうか。ごめんなさいと言いたくても言えないことがあるだろうか。吃る人のそれとは本質的に違う。(伊藤編 1999: 245-6)

ここに記されているのは,名前が言えないことの適切な「言い訳」ができない吃音者であり,さらにごめんなさいという「謝罪」さえも

言えない吃音者の姿である。〈気詰まり〉の場面は,「言い訳」や「謝罪」という〈表敬〉によって修復的交換がおこなわれるが,その表出にはそれを遂行する能力が必要とされる。吃音者は,〈気詰まり〉をきっかけとした修復的交換の困難に直面する。[8]

　以上から読み取られるような"滑らかな"相互行為の特徴は,次のようなものになるだろう。第一に,"滑らかな"相互行為は,それが失敗したときの「言い訳」を備えている。第二に,"滑らかな"相互行為は,それが失敗したときの「謝罪」を表出する能力（ability）をもった参入者によって維持される。吃音者は,「言い訳」の適切な語彙が見つけにくいとき,「謝罪」を表出することができない困難に直面する。[9]

　さらに,こういった場面は,吃音者が自身のどもってしまったり言葉が出ない行動に対して,適切な「言い訳」がなく「謝罪」を言う能力もない参与者であると自覚を生じさせる。この自覚をめぐる議論が,もうひとつの「補助的」とされる交換である。

(2) 補助的交換

　次に,〈気詰まり〉を起こさないような補助的交換がある。自身の吃音症状が〈気詰まり〉を起こしてしまうことに自覚的である吃音者は,〈気詰まり〉を避けるように相互行為に参入する。吃音者は,〈気詰まり〉を避けながら,相互行為の参入者としての〈品行〉を表出できるように取り組む。ここでは,ことば,話し方,そして相互行為への参入という3つの次元から,吃音者がどのような補助的交換に取り組んでいるか〈描く〉ことにしよう。

　第一に,ことばへの取り組み。吃音者は,〈気詰まり〉が起きないように,発話しやすいようなことばに言い換える準備をすることがある。[10] 言い換えることで,〈品行〉を表出しようとするのである。次の例は,研究発表をひかえる吃音者の一例である。

> 研究会のために備えるとは，その恐怖の時間に対する気構えを整えることだった。……たとえば，「加熱する」は「熱を加える」に，「溶かす」は「溶解する」に，あるいは，「反応温度」は「重合温度」というふうに，いい換える。(金 1966 → 1972a: 17)

さらにまた，吃音者は相互行為においてことばを話さないことが〈品行〉を表出することにもなる。[11]

> 研修に今日もセンターへ行く。分科会に分かれて話し合う。手を挙げて意見を言おうとするがそんな勇気もなく，自分がこう言えば皆の共感を呼ぶのではないかと，事柄だけを何度も頭の中で言ってみたりする。……どもらないだろうかと，とめどもなく考えが入り乱れ，発言はできなかった。(村上 1976: 38-9)

第二に，話し方への取り組みがある。吃音者は，〈気詰まり〉が起きないような発話になるように，話し方に取り組むようになる。吃音矯正としておこなわれるのは，〈気詰まり〉が起きないような発話に取り組むことである。次の例は，〈気詰まり〉が起きないような発話に取り組みながら，しかし皮肉にもさらに〈気詰まり〉を生じてしまう吃音者の例である。

> 矯正所では，私の囲りの人々が，皆ゆっくり話していましたから，私もゆっくり話せました。……元の学生生活に戻りました。けれども，そこではそうはいきませんでした。話し相手の口調は早く，私が超スローな感情抜きの言葉で話すと，いつも会話がだらけました。皆は私と話すのをめんどうがり，私は相手以上に骨を折りました。(内野 1975: 30-1)

最後に，相互行為への参入に対する取り組みがある。つまり〈気詰

まり〉を起こさないように相互行為に参入しないことである。

> 「今は吃ってないんだけね。緊張すると吃るんだ」話を続けた。「実はね，先日職場の後輩から仲人を頼まれたんだけど，結局断ってしまった。吃ることが怖いんだ」(『全言連ニュース』1995 年 5・6 月号)

　以上の 3 つの点から，"滑らかな"相互行為の次のような特徴を挙げることができる。第一に，ことばの言い換えや話し方に取り組むことによって，吃音者は"滑らかな"相互行為に参入しようとする。そのため，吃音者の会話は，専門家との会話でさえ，次のような事態に陥ることがある。

> 吃音者が悩んで専門家の所に行った時に，引っかからないようにと並み大抵ではない苦労をしながらしゃべっているのに「君，ちっとも吃らないじゃないか。別に悩むことないじゃない」などと言ったりする。(『全言連ニュース』1995 年 1・2 月号)

　第二に，ことばをどもることに対して，吃音者は"滑らかな"相互行為に沿った話し方を身につけようとする。ここで吃音者が身に着けようとする基準こそが「吃音検査法」といった医学的な診断で表象されることになる。この表象について，いかなる文脈においていかなる"滑らかな"相互行為の基準がふさわしいとみなされているか，その基準の社会的・歴史的文脈を問うことも可能だろう。第三に，吃音者はあらかじめ相互行為に参入することから排除されることもある。それはまるで，吃音者は自発的に他者との相互行為に参与しないように仕組まれているかのようでもある。[12]

5 まとめ

　吃音という限定された言語障害ではあるが，言語障害を〈気詰まり〉という視点からながめた際，会話における"滑らかな"相互行為を問うという研究課題が浮かび上がってくる。相互行為儀礼の実践者として〈描かれる〉吃音者は，吃音症状を発症するだけの存在ではない。それは，吃音者が「儀礼」を実践しながら社会に生きる姿でもある。

　ゴフマンの相互行為儀礼は，〈気詰まり〉が備える「言い訳」や「謝罪」といった社会的な取り決めや儀礼遂行のための能力，あるいは〈気詰まり〉の場面を避け相互行為への参入そのものを諦める吃音者たちの日常生活を露わにする。障害社会学がもつ課題のひとつは，社会秩序の維持，あるいは「儀礼」のような社会的なルールとその実践といった社会学が蓄積し用いる知見を，個人的とされる感情や医学的な診断・治療といった従来の病や障害をめぐる語彙と重ねつつ思考をシフトさせ相互の触発を志向することでもあるだろう。本章はそのための探求の試みである。[13]

　[謝辞]『全言連ニュース』の資料収集に関して，全国言友会連絡協議会事務局にはたいへんお世話になりました。記して謝意を示したいと思います。

【注】

[1] 「小さな泡」という表現は，安川一の表現を参考にしている（安川 1997: 142）。
[2] ゴフマンの原著からの引用については略号で示す。略号との対応については文献の末尾に示してある。該当頁は（略号：原著の頁）〔例（PS: 75）〕という形式であらわし，邦訳は適宜改訳してある。
[3] 金については，竹田青嗣などの著作もある（竹田 1995）。また，金の次のよ

うな告白もある。「『凍える口』は，私自身の吃音の苦しみを書いたものだが，これを書いたことによって吃音の苦しみが消えてしまったことについては，その 3 年後の『まなざしの壁』の中で，ちょっと触れたことがある。30 年近くのあいだ，いかようにしても逃れることのできなかった吃音の苦しみ，そこから派生するさまざまな神経症的苦痛が，ただそれをありのままに書いたというだけで消滅してしまったということ，それは私にとって，書くことの意味，文学の持つありがたさについて考えさせられた，象徴的な体験であった」（金 1972b: 194）。

[4]　客観的徴候の原語は objective signs であり，主観的徴候の原語は symptoms of a subjective kind である（IR: 97）。

[5]　1980 年代につくられた検査法（試案）であり，さまざまな問題点も指摘されているが，2000 年に出版された言語聴覚士用のテキストにも引用されている（都築編 2000）。日本においては，吃音検査の代表的な検査法のひとつとして例であることを追記しておきたい。

[6]　デュルケームとゴフマンの儀礼概念の関連については，以下を参照（紀 1988, 大村 1985, 宮内 1991, Cahill 1994, 奥村 1997, 森 2000）。

[7]　吃音者同士の相互行為については，別稿で論じる必要があるだろう。伊藤伸二の著作には多くの事例がある（伊藤 1999）。また，吃音者には多様な症状があり，はっきりと「吃音者」と定義することはむずかしい。本稿では，「ことばをどもってしまうことが習慣化されており，またことばがどもっていることに自覚的である人びと」を指している。

[8]　この考え方はベイトソンの「ダブルバインド」概念の発想に近い。ゴフマンとベイトソンについては，阪本が参考になる（阪本 1991）。

[9]　「言い訳」のひとつに，「私は吃音者である」という告白もあるだろう。しかし，この告白もまた当惑という〈気詰まり〉を引き起こす可能性がある（安川 1997）。

[10]　『スティグマ』でも，パッシングをする吃音者として同様の例が取り上げられている（ST: 84, 89）。スティグマ者のパッシングは，相互行為の補助的交換として提示されている。

[11]　『スティグマ』にも同様の例がある。「私たち吃音者は，話をしなければならないときのみ話をする〔吃音研究者ヴァン・ライパーの著作からの引用〕」（ST: 84）。

[12]　それは，ゴフマンが吃音であることの代償（price）として記述した姿でもある（IR: 104）。

[13]　この第 6 章は，渡辺（2003）の一部を大幅に加筆修正したものである。現代社会理論研究会の後継学会である日本社会学理論学会に御礼申し上げたい。

【文献】

赤星俊・小沢恵美・国島喜久夫・鈴木夏枝・土井明・府川昭世・森山晴之 (1981)「吃音検査法〈試案1〉について」『音声言語医学』22: 194-208.

Cahill, Spencer E. (1994) "Following Goffman, Following Durkheim into Public Realm," *Research in Community Sociology*, Supplement 1: 3-17.

Durkheim, Émile (1912) *Les formes élémentaires de la vie religieuse: Le système totémique en Australie*, Paris: Presses Universitaires de France. (=1975, 古野清人訳,『宗教生活の原初形態（上）（下）』岩波書店)

―――― (1970) *La science sociale et l'action*, Paris: Presses Universitaires de France. (=1988, 佐々木交賢・中嶋明勲訳,『社会科学と行動』恒星社厚生閣)

Goffman, Erving (1956) "The Nature of Deference and Demeanor," *American Anthropologist*, 58: 473-502. Reprinted in: Erving Goffman (1967), 47-95.

―――― (1959) *The Presentation of Self in Everyday Life*, New York: Doubleday Anchor. (=1974, 石黒毅訳,『行為と演技――日常生活における自己呈示』誠信書房) [PS]

―――― (1963a) *Stigma: Notes on the Management of Spoiled Identity*, New York: Simon & Schuster. (=1970, 石黒毅訳,『スティグマの社会学――烙印を押されたアイデンティティ』せりか書房) [ST]

―――― (1963b) *Behavior in Public Places: Notes on the Social Organization of Gathering*, New York: Free Press. (=1980, 丸木恵祐・本名信行訳,『集まりの構造』誠信書房) [BP]

―――― (1967) *Interaction Ritual: Essays on Face-to-Face Behavior*, New York: Doubleday Anchor. (=1986, 広瀬英彦・安江孝司訳,『儀礼としての相互行為』法政大学出版会) [IR]

―――― (1971) *Relations in Public: Microstudies of the Public Order*, New York: Basic Books. [RP]

―――― (1983) "The Interaction Order," *American Sociological Review*, 48 (1):1-17. [Io]

伊藤伸二 (1999)『新・吃音者宣言』芳賀書店.

伊藤伸二編 (1999)『吃音と上手につきあうための吃音相談室』芳賀書店.

Johnson, Wendell (1961) *Stuttering and What We Can Do About It*, Minneapolis: University of Minnesota Press. (=1967, 内須川洸訳,『どもりの相談』日本文化科学社)

金鶴泳 (1966→1972a)「凍える口」『金鶴泳集』河出書房新社, 5-98.

―――― (1972b)「一匹の羊」『金鶴泳集』河出書房新社, 192-200.

紀葉子 (1988)「ゴフマンの『聖なるもの』――デュルケム儀礼論の今日的展開」『立命館産業社会論集』24(2): 123-146.

宮内正（1991）「儀礼秩序の仕掛け —— 自己崇拝の維持装置」安川一編『ゴフマン世界の再構成 —— 共在の技法と秩序』世界思想社，65-99．
—— （1995）「ディスプレイという規範 —— ゴフマンの描く社会的相互作用の世界」笠原清志・西原和久・宮内正編『社会構造の探求 —— 現実と理論のインターフェイス』新泉社，295-318．
森真一（2000）『自己コントロールの檻 —— 感情マネジメント社会の現実』講談社．
村上英雄（1976）「十秒のあいさつ —— 去来する不安との闘い」伊藤伸二編『吃音者宣言 —— 言友会運動十年』たいまつ社，31-43．
村田喜代子（2001）「どもり礼賛」石隈利紀・伊藤伸二編『論理療法と吃音 —— 自分とうまくつき合う発想と実践』芳賀書店，227-252．
奥村隆（1997）「儀礼論になにができるか —— 小さな秩序・大きな秩序」奥村隆編『社会学になにができるか』八千代出版，77-113．
大村英昭（1985）「ゴッフマンにおける〈ダブル・ライフ〉のテーマ —— 演技＝儀礼論の意義」『現代社会学』11(1): 5-29．
阪本俊生（1991）「トークと社会関係」安川一編『ゴフマン世界の再構成 —— 共在の技法と秩序』世界思想社，101-128．
竹田青嗣（1995）『〈在日〉という根拠』筑摩書房．
都築澄夫編（2000）『言語聴覚療法シリーズ 13 吃音』建帛社．
内野敏彦（1975）「私の吃音体験」内須川洸・大橋佳子・伊藤伸二訳編『人間とコミュニケーション —— 吃音者のために』日本放送出版協会，13-37．
Van Riper, Charles（1963）*Speech Correction: Principles and Methods,* 4th ed., Englewood Cliffs, N.J.: Prentice-Hall.（＝1967, 田口恒夫訳,『ことばの治療』新書館）
渡辺克典（2003）「相互行為儀礼と言語障害 —— 〈気詰まり〉を生きる吃音者」『現代社会理論研究』13: 177-189．
安川一（1997）「"感情する"秩序 —— 当惑と相互行為秩序」岡原正幸・山田昌弘・安川一・石川准『感情の社会学 —— エモーション・コンシャスな時代』世界思想社，139-174．
全国言友会連絡協議会，『全言連ニュース』全国言友会連絡協議会．

7章
障害社会学と障害学

榊原賢二郎

1 はじめに

　障害社会学ないし障害の社会学は，障害をめぐる社会構造的制約や常識知からの解放を，解放が制約ともなりうる逆説に向き合いながら，なおも目指し続ける学問領域である。この逆説に正面から取り組む点で，障害社会学は障害学と呼ばれる領域とは異なる。障害学は，障害を個人の医学的問題として捉える「医学モデル」に対峙して，障害者の身体ではなく障害者に不利益を与える社会を問題の中心と捉える「社会モデル」を提唱した。それは解放の学問であると同時に制約でもあった。障害者が生活をまっとうするために必要でもある医療の周縁化，身体的機能不全の「進行」を含む身体的諸問題の軽視，障害と同種の不利益を受けていながら障害者として障害学の対象となることが少なかった人々の存在，障害学を反映した制度が持つ否定的な働き（たとえば差別禁止制度が重度障害者の不利益のうち残存するものを非問題化する懸念），障害者運動の語りの特権化による家族や関係者の語り，障害者の非運動的な語りの従属的位置づけ。こうした制約に対して障害学内部からも批判がなされたが，障害学内部で問題が解決されたわけでもない。障害社会学は，障害学の達成を十分に踏まえつつ，障害学の制約からの解放をも図る。そうした解放のために用いられる社会学の身振りを社会学的反省と呼ぶことができる。障害社会学は，障害

学への反省を繰り込んだ，障害をめぐる社会学的反省の学問である。その社会学的反省は，障害社会学自体が生み出す制約への反省をも織り交ぜつつ展開する過程として捉えられる。

2　障害の連字符社会学

社会学は，非常に多様な主題を扱ってきた。たとえば，国際社会学会では，研究主題ごとに研究委員会を編成している。本章を執筆している時点で，研究委員会は56個存在している（International Sociological Association 2016）。扱われている主題には，たとえば次のようなものがある（順不同，抜粋）。

・法	・政治	・経済	・農業	・余暇
・スポーツ	・教育	・家族	・芸術	・宗教
・軍隊	・貧困／福祉	・住居／建築	・環境	・災害
・子供	・若者	・高齢者	・女性	・人種／民族
・移民	・健康	・精神疾患	・身体	

これらの主題それぞれについて，「〇〇社会学」または「〇〇の社会学」といった研究領域が存在するわけである。このように個別の領域を研究する社会学を，連字符社会学と呼ぶことがある（Mannheim 1932＝1976: 284）。連字符とはハイフンのことであり，領域名と社会学がつなぎ合わされている様子を示しているが，実際にハイフンが使われているかどうかにかかわらず，個別の主題を扱う社会学的研究は，連字符社会学として考えることができる。

本書では，障害という主題を扱う連字符社会学としての「障害社会学」（sociology of disability）の可能性を探ってきた。[1]このように，「障害社会学」という領域は，連字符社会学の一つとしてひとまず単純に定義することができる。もちろん，そもそも「社会学」とは何かとい

う難問まで考慮に入れれば、話は単純ではなくなる。しかし、社会学という学問領域が、他の学問領域と一定程度区別されうるならば、その下位領域の一つとして障害社会学を定義することはなお可能である。そうした社会学という学問領域の特徴づけは多様でありうるが、たとえば佐藤俊樹（2011）に従えば「内部観察」のような特徴を見出すことができる。化学者が物質を観察したり、天文学者が星を観察する場合、観察する科学者は、対象となる化学物質や星の外にある。他方、社会学者は社会を観察するが、その社会学者自身が、あるいはその社会学者が書いたり話したりすることが、社会の中に組み込まれてしまっている。社会学以外の社会科学（経済学や法学など）では、社会科学者は対象である法や経済の外に出られるが、社会学者は対象である社会の中から出られない。もしもこうして、何らかの形で社会学の特徴づけに成功するのであれば、それを前提として障害社会学を定義することができる。

障害について扱う連字符社会学を「障害社会学」と呼ぶとき、そこには社会学一般から障害研究への貢献と、障害研究から社会学一般への貢献が含まれうる。前者は、社会学の様々な領域で得られた知見を、障害研究に活用するという方向性である。他方後者は、障害研究を通じて、社会学の他の領域においても有意義な知見を得るという方向性である。一般に連字符社会学は、このように双方向的なものとして考えることができる。障害社会学は、まとまった研究領域としてはまだ整備されていないため、前者の側面の方が意識されやすいであろう。しかし、障害という、学問上も実践上も重要で困難な問題を扱う以上、障害社会学を突き詰めていけば、社会学一般に通じる新たな知が生まれるように思われる。

障害社会学という研究領域を定義するに当たり、「障害」という概念にあらかじめ特定の定義を与える必要はない。一般に「〇〇学」にとって、「〇〇とは何か」という問いは、しばしば中心的な論点となる。そうして「〇〇」に対して多様な定義がなされ、それらが対立し

ても，なお「○○学」は成立しうる。障害社会学も，多様な障害観を包含することができる。ただし，障害社会学に属する個別の研究は，それぞれの仕方で障害や関連する概念をどのように扱うかを明示する必要がある。

　このような障害社会学の定義は非常に緩やかなものであるが，そうは言っても障害社会学は「社会学」を通じて障害について研究するのであり，そのことによって一定の性質を帯びることも確かであろう。そうした性質をある程度明らかにしておく作業は，障害社会学という研究領域を開拓する意義を示すためにも重要である。これが本章の課題である。

　とはいえ，すでに述べたように，障害社会学の性質を特定するに際しては，多様な研究が包含されうるように留意しなければならない。筆者自身（榊原 2016），特定の障害定義や社会学的方法に基づいた障害社会学を構想しているが，本章ではそれより弱い特徴づけを試みている。筆者自身の障害理論を参照した箇所もあるが，それは議論を進める契機であって，本章全体では特定の理論のみを許容するような制約は課していないつもりである。基本的に，障害を扱う社会学の下位領域は障害社会学と呼ぶことができる。本章は，それが社会学であることによって導き出される特徴を探求するが，社会学自体に対する認識の刷新に伴い，本章で記したことも変化を迫られることになるかもしれない。そうした限界は，特定の時点において書く以上不可避であり，後の再構築を待つほかはない。

3　障害学という学問領域

　「障害社会学」と呼べる研究は，過去にも存在してきた。アーヴィング・ゴフマンの『スティグマの社会学』（Goffman 1963＝2003）や『アサイラム』（Goffman 1961＝1984）はその代表例であろう[2]。しかし障害社会学という「領域」について書いた文献はごく少ないように見

受けられる。たとえば,日本語で『障害社会学』あるいは『障害の社会学』と題した著書は,管見の限り見当たらない[3]。それに準ずる貴重な文献として,『社会学評論』に掲載された「テーマ別研究動向(障害の社会学)」(後藤 2010)と題された記事がある。また翻訳書では,アントニー・ギデンズの『社会学』(Giddens 2006=2009)の中に,「障害社会学」という一節がある。しかしこれらの文献の内容は,後で説明する「障害学」についてのものであり,社会学のうち,個別領域を扱う一部門として障害社会学を新たに構想する本書の立場とは異なっている。

おそらく本書の参考となる最も有用な文献は,イギリスの障害学者であるキャロル・トマスの『障害と病気を巡る複数の社会学』(*Sociologies of Disability and Illness*)(Thomas 2007)であろう。同書でトマスは,医療社会学と障害学を比較しながら,来るべき「障害社会学」を構想している。その内容については少し後で改めて検討するが,やはり最終的には「障害学」を手本とした障害社会学を支持している。

これらのことから,仮に障害社会学を一定程度自律的な専門領域として立てるとすれば,「障害学」と呼ばれる領域と区別することが決定的に重要であることが分かる。確かに,障害社会学の隣接領域としては,医学や医療社会学等もある。しかし,障害社会学が医学そのものと異なるのは自明である。また,医療社会学と障害社会学の関係性については,別に排反でなくても構わない。万が一医療社会学が障害社会学を包含するという関係にあっても(そのようには考えていないが),障害社会学という領域を立てることは妨げられない。障害という現象に特に焦点を絞った研究領域が必要であると感じられれば,障害社会学という領域が要請されるのであり,その際他の連字符社会学と重複があっても,同一でなければ構わないと考えられる。これに対して,「障害学」と「障害社会学」は,障害という同一の主題を扱っているため,競合する可能性がある。実際,以上に挙げた文献の状況から推察するに,「障害社会学」という研究領域があまり整備されて

こなかった原因の一端は,「障害学」の存在にあったのではないかと思われる。もし仮に,「障害社会学」と同じことをおこなえる領域として,すでに「障害学」があるならば,改めて「障害社会学」という領域を発展させる意義は乏しくなる。そのため本章では,障害社会学と障害学の関係性について検討する[4]。その前提として,本節では「障害学」およびその理論的核心である「障害の社会モデル」について概観する。

ゲリー・アルブレヒト編（Albrecht 2006）『障害事典』の「障害学（disability studies）」の項によれば,障害学という領域は 1980 年代に成立した。この記事では,障害学という語の歴史について詳しく検討しておらず,本章でもそうした障害学史を書く余力はない。ただ,この 1980 年代における障害学を巡る動きとして特筆すべきは,アメリカ障害学会（Society for Disability Studies＝SDS）の成立（1986 年）であろう。SDS による解説（Society for Disability Studies 2016a）およびアメリカ西部社会科学会（Western Social Science Association 2014）に従えば,この学会の前身は,西部社会科学会の一部門であった。それは 1982 年に設立された慢性病・損傷・障害研究部門（Section for the Study of Chronic Illness, Impairment, and Disability）という名称のものであり,この組織が改称されて全国組織である SDS（アメリカ障害学会）となった。改称後も西部社会科学会の慢性疾患・障害部門（Chronic Disease and Disability Section）と協力関係を保っている。

このように,アメリカ障害学の前身は,「慢性病」研究としての性質を備えていた。この点からすると,アメリカ障害学は一見医療と親和的であるように考えられる。しかし,以下に掲げる SDS による障害学の規定では,医学・医療との差異の強調を通じて障害学が規定されている。このことは後述するイギリス障害学・社会モデルと同様である。

　　学際的・総合的アプローチの使用。障害は,人文科学・社会科学の

多くの領域が重なり合う交点に位置する。……

　障害とは, 専門家やその他のサービス提供者による医療行為やリハビリテーションによってしか除去できない, 個人の欠損や欠陥であるという見方への挑戦。むしろ障害学の課程は, 障害を規定する社会的・政治的・文化的・経済的諸要因を検討する様々なモデルや理論を探求し, また差異に対する個人的・集合的な対応を決める手助けをしなければならない。同時に障害学は, 生物科学で測定・説明できないものを含む疾患・病気・損傷に付与されたスティグマを取り除くよう努めなければならない。最後に, 医学的研究や医療行為が有用でありうることは認めるものの, 障害学は医療の実践と障害のスティグマ化の関係を問わなければならない。(Society for Disability Studies 2016b)

　要するに障害学とは, 医療のみに還元されない社会文化的要因を考慮に入れた学際的障害研究であって, 障害を個人的で否定的なものとして捉える見方に挑戦するものである。こうした規定は, 後述する「障害の社会モデル」の要素を多分に有しているものの, 必ずしも「障害の社会モデル」という特定の理論的立場を要請するものではない。その意味では, アメリカ障害学はイギリス障害学よりやや緩い枠組みとなっている。

　これに対して, イギリスの障害学は, この「障害の社会モデル」という考え方を中心とする障害研究である。「障害の社会モデル」という名称は, イギリスのマイケル・オリバー (Oliver 1983) によって与えられた。オリバーによれば, 障害の社会モデルとは, 既存の障害観(「障害の個人モデル」) に取って代わる新たな障害観である。従来障害は, 身体の欠損や機能不全 (損傷) から直接生じる帰結と見なされてきた。見えない・聞こえない・歩けない等の条件を持つ者が, 社会的な困難 (たとえば就労や外出の困難) を経験するのは当然であると考えられてきた。これに対して社会モデルは, 障害者に困難を与える社会を問題にする, 新たな障害観であった。

この新たなパラダイム［社会モデル——引用者］は，特定の個人が有する身体的制限から，物理的・社会的環境が特定のグループやカテゴリーの人々に対して課する制限へと焦点を移すことにほかならない（ibid.: 23）

　この社会モデルの原型は，1970年代イギリスにおける障害者運動の文脈ですでに形成されていた。それは反隔離身体障害者連合（UPIAS）が提唱したものであり，「障害の社会理論（social theory of disability）」（UPIAS and DA 1976: 15），あるいは「障害の社会的定義（social definition of disability）」（ibid.: 8）などと呼ばれていた。UPIASによる障害の社会的定義は次のようなものである。

　　障害は社会的諸条件によって引き起こされ，解消を要する状況であって，(a)所得・移動・施設等の諸側面がばらばらに取り扱われるものではなく，(b)障害者は，他者の助言と手助けを受けながら，自らの生活に対する統制権を掌握すべきであり，(c)専門家やその他支援しようとする者は，そうした障害者による自己統制を広げることに貢献しなければならない。(ibid.: 3)

　　我々の見解では，身体的損傷を持つ人々（physically impaired people）に障害を負わせる（無力化する，disable）のは社会である。障害（disability）とは，社会への完全参加から我々が不必要に隔離・排除されることを通じて，我々の損傷（impairments）の上に押し付けられるものである。したがって障害者（disabled people）は抑圧された社会集団である。(ibid.: 3-4)

　こうしてUPIASは，障害とは身体の問題であるという従来の障害観を覆し，障害とは社会によって押しつけられるものであるという障害観を提示した。この障害観において，「障害」という語の意味自体が書き換えられている。UPIASは周知のとおり，次のように障害／

損傷区別を提示する。

> 我々の定義によれば，損傷（impairment）とは，手足の一部または全部がないか，もしくは手足や器官，体の働きに欠陥をもっていることである。そして障害（disability）とは，身体的な損傷をもつ人々をまったく，またはほとんど考慮に入れず，それにより彼らを社会的活動の主流への参加から排除する現代社会の編成によって引き起こされた不利益や活動の制約である。(ibid.: 14)

こうして，身体の「問題」である損傷（インペアメント）と，社会の「問題」である障害（ディスアビリティ）が区別された。UPIAS は損傷に焦点を当てることを拒否し，社会の問題である障害の解消を要求するのであった。

その後障害の社会モデルは，損傷／障害二分法を基礎として展開していくが，その内容には若干の幅がある。ここではキャロル・トマスの定義を見ておく。彼女は障害が，社会的抑圧の問題であることを再度明らかにし，障害者の心理・情緒にも目を向けて，障害を次のように定義する。

> 障害とは一種の社会的抑圧であって，損傷を持つ人々に対する活動制約の社会的賦課，および彼らの心理情緒的充足（psycho-emotional well-being）の毀損の社会的産出を伴うものである。(Thomas 1999: 60)

他方損傷は，次のように定義される。UPIAS の「社会的定義」における損傷が医学的・客観的な身体的欠陥であったのに対し，トマスは損傷における文化的・社会的要素を加味している。ただ最終的には，トマスは損傷を医学的な状態として定義している。

損傷とは，西洋文化において社会的に定義された，より精確には医学的に定義された「正常な類型からの有意な偏差＝逸脱」または「異常」を示す標識（markers）となっている，身体に関する変異のことである。(ibid.: 124)

　こうした幅はあるものの，障害の社会モデルは，身体の問題である損傷と社会の問題である障害を区別し，障害が社会的に引き起こされた現象であることを強調し，それを社会的に解消することを目指した。そしてこの社会モデルがイギリス障害学の核となった。トマスは，「障害の社会モデル……がイギリス障害学の核心にある」，「社会モデルを巡っては――理論の多様化の結果として――現在激しい議論や異論があるものの，それは引き続き，障害学という領域の支持者がまとまる際の中心的主題となっている」（Thomas 2007: 6）と述べている。トマスは，イギリス障害学の内部でも，障害の社会モデル支持者ばかりではないことを認めているが，社会モデル批判者も含めて，社会モデルという主題を共有している領域がイギリス障害学であると把握している（ibid.: 49）。コリン・バーンズら（Barnes et al. 1999＝2004）も，イギリス障害学と社会モデルの関係について次のように述べている。

　　……北米の文献では，"社会モデル"アプローチを支えているところの，インペアメントとディスアビリティの明確な区別が採用されなかった。そのために，一方では障害者の機会改善を求めていながらも，他方でディスアビリティの理論的解明や，経済・社会活動のメインストリームからの障害者排除を理論的に解明することに結びつかず，むしろマイノリティ集団の公民権保障を否定することにつながってしまった……
　　……ディスアビリティ理論家たちの間にはますます共通の基盤が形成されてきており，そこではイギリスの論者が擁護する"社会モデル"アプローチに対する国際的な関心の高まりが見られる。……

社会モデル・アプローチをとるディスアビリティ・スタディーズが世界規模で広まっている一番の要因は，……（Barnes et al. 1999＝2004: 17-8）

　障害に対するこうした視点に対して，今日広く知られるようになった障害の"社会モデル"は明確な政治的理論であり，それはアカデミズムの外部において小規模だが影響力を強めつつある活動家や論者の集団的な経験に基づいて出現したという意味で，社会学的ラディカリズムの特徴を明らかに示している。当然のことだが，イギリスにおけるディスアビリティの分析は，パーソンズやゴッフマンよりも"批判理論"やネオ・マルクス主義の影響をはるかに受けている。これはアメリカのディスアビリティ・スタディーズとイギリスのそれとを分かつ分割線である。ディスアビリティの社会学の発展に対して，社会モデル・アプローチがもつ潜在的な重要性は，マイノリティ問題として片づけられない諸問題を指摘したことである。例えば，生物学的決定論の政治経済的側面，正常であることについての認識，あるいは社会的排除とインクルージョンなどの諸問題について，特に，労働の社会組織，福祉財政と将来，相互依存と差異をめぐる政治と文化との関連において，これらの諸問題は単なるマイノリティの問題には還元できないのである。（ibid.: 277）

　こうしてバーンズらは，イギリス障害学の特徴は，障害の社会モデルの採用にあると主張している。障害の社会モデルは，イギリス障害学を既存の社会学・医療社会学やアメリカ障害学と区別し，イギリス障害学の一体性を保つ要となっている。しかしこうした理論体系そのものを維持できるのかどうか自体が問題である。この点については少し後で著者なりの見解を述べるが，障害学界隈にも批判は存在するので，以下で一瞥しておくこととする。
　たとえばジル・ハンフリー（Humphrey 2000）は，社会モデルが障害者運動と障害研究にもたらす否定的帰結について論じている。すでに見たように，障害の社会モデルは，損傷を持つ人を考慮せず排除す

る社会のあり方を障害と捉え,その解消を目指した。社会モデルにおいて,社会変革をもたらし,障害を解消する主体は障害者であるとされた。ハンフリーによれば,障害者を差別・排除する健常者と,それに対抗する障害者という二分法がイギリス社会モデルの基礎にあった。ここから,障害者運動と障害研究を担う中心は障害者でなければならないとされた。しかしハンフリーによれば,障害者でないと運動・研究の主体となれないというのは論証されえない。その上,この主体としての「障害者」は,実際には障害者すべてを包含するものではない。状態が安定しており,可視的で重度の身体障害者が,イギリス社会モデルが想定する障害者像であった。知的障害・精神障害・ディスレクシアなどの,不可視的で狭義の身体障害とは異なる損傷や,重度と見なされていない損傷を持つ人,以前障害者であった人などは,運動・研究において周縁化されてきた。そして健常者は,たとえ障害者に協力的であっても「敵」側に位置づけられてしまう。ハンフリーはこうして障害の社会モデルがもたらす運動・研究における周縁化を批判する。こうした二分法的前提に対して彼女は,障害者であるか否かを自己定義に委ね,多様な人が運動や研究に周縁化を受けずに参加できることを目指しているようである。しかし障害の範囲や特質について明らかにしていないのは,やはり根本的な欠陥である。少なくとも個別の理論の水準では,対象の境界画定を欠くと理論が成立しなくなる。この点は障害の社会モデルにも通底する問題である。

　社会モデル批判のうちいくつかは,社会モデルに代わる理論を模索している。それらはたとえば現象学(Hughes and Paterson 1997)やポスト構造主義(McRuer 2006)に基づく議論であった。しかしこれらは対象規定に失敗している(榊原 2016)[5]。その他の代案のうち,本章の方向性に近いものとしては,たとえばガイ・デューズベリーら(Dewsbury et al. 2004)のものが挙げられる。彼らによれば,障害の社会モデルは一種の社会構築主義であり,障害を巡る現状とは別様の可能性を提示しようとしてきた。その方途は,大きく二つに分けられ

る。一つは、障害者の経験を根拠として社会変革を迫る政治的方向性である。そしてもう一つは、社会学者が障害者の経験の一面性を指摘して、社会学理論による解決を図るという理論的方向性である。しかし両者から零れ落ちるものがあるとデューズベリーらは指摘する。それは、障害者の日常的実践である。政治的方向性において強調される障害者の経験は、障害者が日常的にどのように生活を送っているかの総体を捉えているわけではない。そうかといって、理論的方向性も人々の実践をアイロニーとして扱うのみである。これらに対してデューズベリーらはエスノメソドロジーに基づくエスノグラフィーを代案として提示する。彼らによれば、たとえば障害者を考慮した設計のような実際的場面においては、人々の日常生活の秩序を明らかにする必要があり、そうした目的にとってはエスノメソドロジー的方法による知見が有用であるという。

　デューズベリーらは専門知としての社会学に批判的であり、他方本章はエスノメソドロジーを唯一の方法と見なすことはせず、これらの点で本章とデューズベリーらの議論は異なる。しかし先取りすれば、後述する「反省性＝再帰性」に基づく社会学、すなわちリフレクシブ・ソシオロジーは、人々の経験を正面から扱う点で、デューズベリーらの代案を包含する。本章では、障害を巡る人々の反省知と社会学者の反省知が絡み合い、反省過程として展開するような知の総体を、障害社会学として把握する。そこでは社会モデルやそれに基づく運動が提示する枠組みからはみ出すような人々の経験も掬い取ることになる。こうした方途を提示するに当たって、本章はデューズベリーらがおこなったのとは異なる形で、構築主義や再帰性に関する検討をおこなう。デューズベリーらの批判は、実は社会モデルの根本的否定ではなかったが、本章は社会モデルが構築主義一般とある種の根本的欠陥を共有することを指摘する。その上で、反省性＝再帰性を構築主義と注意深く切り分けることにより、反省的＝再帰的な障害社会学の可能性を示すものである。

その前に次節では，過去の障害社会学と障害学の関係について手短に論じることとする。これは，今後展開される障害社会学と障害学の関係性を明らかにする基礎となるであろう。

4　障害学から見た社会学

　障害学は，障害という現象の社会的側面に着目するため，社会学と親和的に思われる。実際障害学を社会学の一種として把握する見方もある。しかし一方で障害学は，障害に関する既存の社会学的研究に対して批判的であった。本節では，障害学，とりわけイギリス障害学の観点から，既存の社会学的障害研究のどこが問題視されたのかを概観し，来るべき障害社会学に関する考察の基礎としたい[6]。

　障害学と社会学，とりわけ医療社会学を比較し，両者の特徴を描き出した論考として，すでに言及したキャロル・トマス（Thomas 2007）の『障害と病気を巡る複数の社会学』を挙げることができる。先述したように，トマスはイギリス障害学の立場に立っている。同書ではまず，障害学を一種の社会学であると把握し，それを医療社会学と対比させている。アメリカ障害学の説明の中で述べたように，一般に障害学は学際的領域として考えることができ，その場合，障害学は社会学の一部とは言えない。しかしトマスは障害学と社会学の密接な結びつきを踏まえ，障害学も一種の社会学であったと整理している。ただし，障害学と医療社会学の間には，同じ社会学として一括りにできない著しい相違があるというのがトマスの見解であり，このことは書名に用いられている「複数の社会学（sociologies）」という用語にも反映されている。こうした整理の上でトマスは，イギリス障害学の枠組みを基礎とした，単数形の「障害社会学（sociology of disability）」を構想している。「障害社会学」を構想する点では，本書も同様であるが，そもそも障害社会学の基礎としてイギリス障害学の枠組みを利用可能であるかどうかについては再考の必要がある。

それでは障害学と医療社会学はどのように異なるのか。トマスは両者の特徴として,「社会的抑圧パラダイム」(……障害学)と「社会的逸脱パラダイム」(……医療社会学)というものを挙げている。医療社会学による病気や障害の理論化はすべて社会的逸脱というレンズ (social deviance lens)を通しておこなわれるために批判すべきであるというのがトマスの主張である。

　トマスは医療社会学のいくつかの異なる理論的視座を検討している。まずタルコット・パーソンズ (Parsons 1951 = 1974) の病人役割論が,病気を逸脱視していることは確かであり,このことは障害の逸脱視も帰結しうる。病気は,正常な役割遂行を不可能にする逸脱状態であり,そうした逸脱状態を統制し,正常な役割遂行に速やかに復帰させる回路としてパーソンズが見出したのが,周知の病人役割である。それは二つの権利と二つの義務から成っている (ibid. 432f.)。二つの権利とは,通常の役割遂行からの免除と,自力による健康回復からの免除であり,二つの義務とは,病気の否定的定義の義務と医師への協力義務である。トマスは,こうした病人役割が,速やかな治癒を期待しうる急性疾患だけでなく,慢性疾患の理解にも影響を及ぼすと指摘している。すなわち,病人役割は健康の最大化(換言すれば病気という逸脱の最小化)を目標として,慢性疾患にも適用されうる。その結果,慢性疾患の患者は,永続的に逸脱視され,医師の統制に服することになる。障害者も同様の状況に置かれることになるという。

　パーソンズは病気という現象にも「役割」という社会的側面があることを見出したが,病気の逸脱視自体を問い直すことはなかった。それに対し,象徴的相互作用論や現象学的社会学,エスノメソドロジーなどを含む解釈社会学は,病気や障害の意味を問い直す。トマスの指摘に従えば,それらは全体的に,行動や個人の属性に内在的な逸脱者の特徴は存在しないと把握する。病気や障害についても,それらの内在的な特性によって逸脱となるのではなく,当の状態に対する他者の反応によって逸脱として作り上げられていくということになる。こう

した立場には，エドウィン・レマート（Lemert 1951）のレイベリング理論やゴフマンのスティグマ研究（Goffman 1963＝2003）が含まれる。こうして，解釈社会学の視座を採用するならば，病気や障害は内在的に逸脱であると考える必要はなくなるが，病気や障害が逸脱として扱われていることには変わりないとトマスは批判する。それは作られた逸脱かもしれないが，依然として逸脱であるというわけである。この批判は正当かもしれないが，それは翻って障害学にも妥当するように思われる。この点については次節で検討する。

またトマスは，ミシェル・フーコーを中心とするポスト構造主義や構築主義を採用した医療社会学についても検討している。たとえば，医学的言説によって，何が異常な身体かが決められていくというような議論が，こうした分類に属する。この立場に関するトマスの批判は，医療社会学が構築主義を慢性疾患や障害に対して体系的に用いていない点，障害学でもフーコーの研究は重要であるが，フーコーの作品について研究している医療社会学者は，ほとんど障害者の生に関心を向けていない点などがある。

しかしこうした理論的立場まで，トマスが言う「社会的逸脱パラダイム」に属するのかどうかについては疑問である。そもそも，一部の人々を「異常者」「逸脱者」として区別する形で進行する「社会的抑圧」を批判的に描く研究があるとすれば，「社会的逸脱パラダイム」と「社会的抑圧パラダイム」は区別されえず，それらの意味内容も不確定であることが明らかとなる。また，構築主義の不徹底というのは，決して医療社会学のみに帰せられるべきものではない。後述するように，イギリス障害学が奉じる障害の社会モデルにもそれは当てはまる。

ともあれトマスは，医療社会学の流れを汲む，障害を巡る社会学的研究を，「社会的逸脱レンズ」を通して障害や病気について論じてきたと全般的に批判する。これに対してトマスは，「社会的抑圧パラダイム」によって障害を論じる障害学を対置し支持する。ここで社会的抑圧と呼ばれているのは，障害者が社会的に負わされた不利益・周縁

化・排除のことである。こうした観点からは，マクロな視座を考慮せざるを得ないはずであるが，トマスに従えば特に解釈社会学はミクロな視座に拘泥してきた。ただし，社会学的研究のすべてが，ミクロの研究であったわけではないということにトマスは注意を促している。実際，障害自体に焦点を当て，またマクロ社会学的な問題関心を保持した一群の研究が存在するという（Thomas 2007: 39ff.）。この一群の研究をトマスは障害社会学と呼んでおり，来たるべき障害社会学の礎石としてトマスは再評価をしている。この研究領域は，1960年代以降英米で登場したという。このトマスがいう障害社会学に属する研究として彼女が挙げているのは，たとえば医学・行政・障害者自身による障害定義の関係性とその帰結を扱った『障害の意味』（Blaxter 1976），労働本位の分配と必要本位の分配の間の「分配的ディレンマ」から障害カテゴリーが構成される様を描いた『障害国家』（Stone 1984），そして貧困研究の中で障害者問題に一章を割き，「相対的剥奪」を受けやすい集団として障害者を描いた『イギリスの貧困』（Townsend 1979）などである。この領域はトマスによれば，いくつかの理由で発展しなかった。障害研究を巡る陣営間の対立，イギリスにおける1980年代以降の相互作用論の隆盛，英米で「障害社会学」と呼びうる研究が「障害学」の名称で展開されたことなどが挙げられるという。この未発達に終わった研究領域を，一方で「社会的抑圧」という観点を重視しつつ，他方で「障害者」の生きた経験を考慮に入れる形で発展させることで，今後の「障害社会学」を展望するというのがトマスの意図であると考えられる。

　トマス以外による，障害学の観点からの社会学批判を他にも検討しておく。コリン・バーンズとジェフ・マーサーによる『分断の究明』（*Exploring the Divide*）は，イギリス障害学者と医療社会学者による議論の記録であり，障害学と社会学・医療社会学との直接的な比較を可能にする。その総論に当たる第1章で，バーンズとマーサー（Barnes and Mercer 1996 → INT.）は，トマスのミクロ／マクロを巡る議論と

同様のことを，次のように表現している。すなわち，医療社会学の内，特に解釈的アプローチは，障害を巡る主観的要素を重視し過ぎて，構造的諸力を等閑視している。この構造的諸力は，基本的に先に言及した「社会的抑圧」とほぼ同義と見て良いであろうが，より具体的には，たとえば専門家支配もこうした構造的諸力の一部である。バーンズらは，社会学者がパーソンズ批判の後も，専門家‐患者関係における葛藤を見逃してきたと論じる。これは，障害学が障害者運動に端を発し，研究主体としての障害当事者の重要性を強調した点とも通底している。実際，障害学は専門領域としての社会学に対して，当事者性に基づき，ある種の反省を促したと言うことができる。しかし，当事者性自体も反省の対象となりうるということを，今後の「障害社会学」は看過することができない。

またバーンズらは，医療社会学者が，全般的に国際障害分類（International Classification of Impairments, Disabilities and Handicaps＝ICIDH）（WHO 1980 → INT.）を受容していると批判した。1980年に世界保健機関（WHO）によって導入された ICIDH は，社会モデルを奉じるイギリス障害学者が，社会モデルの反対物である医学モデルの典型として最も敵視した障害観である。ICIDH では，疾患の諸帰結を，身体の問題としての損傷（impairment），基本的な活動遂行能力の欠如としての障害（disability），役割遂行が不可能となることによって蒙る社会的不利益としての不利（handicap）に分ける。ICIDH からは，損傷→障害→不利という単線的な因果関係が読み取られうる。実際それらの項目の関係性は，損傷→障害→不利という単線的な関係に，損傷から直接不利に至る関連性を加えた形で図示されており（ibid.: 30），また，以下の定義群でも，そうした因果連関が措定されている。

　　健康の経験に関する文脈において，損傷（impairment）とは心理学的・生理学的・解剖学的な構造または機能の欠損ないし異常である。

(ibid.: 47)

健康の経験に関する文脈において，障害（disability）とは，人間にとって正常であると考えられた方法や範囲における活動遂行能力の，（損傷の結果生じた resulting from an impairment）制約または欠如である。(ibid.: 143)

健康の経験に関する文脈において，不利（handicap）とは，損傷または障害の結果生じた（resulting from an impairment or a disability）特定の個人にとっての不利益であって，当該個人にとって（年齢・性・社会文化的要因に応じた）正常な役割の遂行を制限しあるいは不可能にするものである。(ibid.: 183)

　社会モデル論者にとっては，この因果関係が問題であった。ICIDH からは，損傷を持つ者は，その帰結として不利を負うことになり，結局根本的な問題は損傷であることになる。これは社会モデル論者からすれば医学モデルとほぼ変わらない。確かに ICIDH は，不利という形で障害の社会的側面を考慮に入れたが，結局それは医学的損傷の帰結であると見える。これに対して，社会モデル論者はこうした因果関係を拒絶し，あくまでも不利を負わせる社会を根本的な問題としたのである。

　こうしたバーンズらの医療社会学批判に対して，医療社会学の立場からこの議論に参加したマイケル・ベリー（Bury 1996 → INT.）はたとえば次のような反批判をおこなっている。まず，ICIDH も重要な前進であったことは確かである。それを踏まえた障害者に関する統計調査がおこなわれ，年齢や性別による障害者の割合のほか，障害者の経済的困難を明らかにするなどの貢献があったという。また，ICIDH の背景にあるのは「社会医学モデル（socio-medical model）」とでも呼ぶべき障害観であるが，これが社会学的の障害研究のすべてではなく，障害の意味を問い直す，より自律的な社会学的研究が発展したとベリ

ーは主張する。そのため，社会学はICIDHを支持し，したがって医学モデルに属するという批判は妥当ではないことになる。

またベリーに従えば，社会モデル論者は，すべてを社会的構築物であると認識するが，それは過度に社会化された（oversocialised）見解であると言うべきである。ベリーはレイベリング理論を引き合いに出し，社会的反応が意味を持つためには，その対象としてあらかじめ存在する「一次的逸脱」が不可欠であろうと論じている。

ここでのベリーの反批判には，的外れな部分が存在する。まず，一次的逸脱があらかじめ逸脱として存在するという議論自体に疑義が差し挟まれうる。あらかじめある種の行動や状態が，その内在的な性質によって，逸脱として同定されているのであれば，レイベリングに着目する意義の大半は失われることになる。そのため，ベリーの議論にかかわらず，「過度な社会化」を回避し，損傷の非社会性を固守することが，障害社会学の存在理由となるとは思われない。

また，障害の社会モデルは，一時代前の構築主義であって，半分しか構築主義ではない。特にその不徹底さが明らかなのは，UPIASの「社会的定義」である。この枠組みでは，あらかじめ存在する身体の客観的な欠損や機能不全として損傷が定義されており，障害は損傷を持つ者が負わされる社会的不利益や排除である。皮肉なことに，UPIASの「社会的定義」は，明らかに半分しか構築主義でないが故に，ひとまずベリーの反批判の対象外である。

しかし，ベリーのこの反批判は，少なくともオリバーの社会モデルの欠陥を明らかにしている。「特定の個人が有する身体的制限から，物理的・社会的環境が特定のグループやカテゴリーの人々に対して課する制限へと焦点を移すこと」（Oliver 1983: 23）としての社会モデルは，身体的制限から焦点を外すという点で，損傷を見失うことになる。そのことは，「社会的反応」としても把握できる「障害」を同定不可能なものにしてしまう。

この点に関してベリーは，オリバーによる社会モデルの例示を批判

する。オリバー（Oliver 1990）は，イギリス国勢調査局の障害者調査の質問文を医学モデルの典型として批判し，それらに替わるべき社会モデルに基づいた質問文を提案している。たとえば，「あなたの具合が悪いところはどこですか？」という質問文は，「社会にはどのような問題がありますか？」という質問文に，「健康問題／障害が原因で，バスの利用が難しいですか？」という質問文は，「バスの設計の不備は，あなたのような健康問題／障害をもっている人がバスを利用するときに困難をもたらしていますか？」という質問文に置き換えられなければならないとオリバーは主張する。それぞれの対で，前者が医学モデル，後者が社会モデルに従っているとされる。これに対してベリーは，これらの社会モデル的質問文は，障害に関する調査としては無意味であると論じる。まず「社会にはどのような問題がありますか？」という質問は回答が困難である。そもそもどのような回答を期待しているのか不明であるとベリーは指摘する。本章の筆者なりに表現すれば，貧困や性差別にも「社会の問題」を見出せるが，それをすべて障害問題に回収することはできない。また，「バスの設計の不備は，あなたのような健康問題／障害をもっている人がバスを利用するときに困難をもたらしていますか？」という質問に関しては，やはり移動と関連する特定の損傷を持つ人しか，有意義な形で回答することはできない。結局損傷は何か，「あなたの具合が悪いところはどこですか？」という質問を回避することはできないのではないかとベリーは論じる。

　こうした点は，構築主義のより一般的な問題とつながっている。次節では，UPIAS の「社会的定義」を含め，社会モデルが有する問題点をそうした構築主義一般の文脈の中で論じることとする。こうした検討の中で，少なくともイギリスにおけるような形では，障害学という領域は維持しえないことが明らかになる。またそうした検討の中で，障害社会学をトマスとは異なる形で定式化する必要性が示されることになる。

5　構築主義の深化と OG 問題

　ここまで見てきたように，障害学，とりわけイギリス障害学は，障害の社会モデルに基づいた障害研究として展開してきた。障害の社会モデルは，身体の「問題」である損傷と，社会の「問題」である障害を区別し，後者を強調した。さらに社会モデルは，損傷から障害への因果連関を否定した。これにより，従来医学的問題とされてきた障害問題の社会的側面が認識されたのであり，この点で社会モデルが非常に重要な意義を持ったことは確かである。しかしそうであるからといって，現在も社会モデルを後生大事に擁護する必要はない。むしろ学術的に見れば，障害の社会モデルが確立したと思われたのとほぼ同じ時期に，その論理構造の問題が明らかになりつつあった。

　すでに述べたように，オリバーが「障害の社会モデル」という名称を提示したのは 1983 年のことである。1990 年には，同じくオリバー（Oliver 1990 = 2006）による『障害の政治』が刊行された。同書は，近代資本主義がもたらした生産様式や「思考様式」の変化が，社会現象としての障害の変容に結びついたことを論じており，障害の社会モデルの本格的な展開として捉えられる。しかし，障害の社会モデルが採用している種類の議論は，障害以外の文脈においてすでに根本的に否定されていた。1985 年には，スティーヴ・ウールガーとドロシー・ポーラッチ（Woolgar and Pawluch 1985 = 2006）による「オントロジカル・ゲリマンダリング」批判が登場している。また，1990 年には，ジュディス・バトラー（Butler 1990 = 1999）の『ジェンダー・トラブル』が出版されている。これらの論考により，障害の社会モデルは無効化されてしまった。以下では，これらの論考が社会モデルとどのように関わっているか述べる。

　障害の社会モデルは一種の「構築主義」であった。この構築主義自体にも異なる定義の仕方がありうるが，たとえばヴィヴィアン・バー

(Burr 1995=1997: 4-7) は,「自明の知識への批判的なスタンス」「歴史的および文化的な特殊性」「知識は社会過程によって支えられている」「知識と社会的行為は相伴う」という特質のうち,一つ以上を有する視座として緩やかに定義している。バーはさらに構築主義に付随する特性について論じており,そこには「本質主義」批判が含まれる。すなわち,構築主義は「事物や人々を今ある通りのものにしている,それらの内部の「本質」は存在しない」(ibid.: 8) という立場を採る。身体に関連づけられた「差別」問題の文脈で言えば,その種の身体を持つならば,差別されても仕方がないという考え方は本質主義的である。そのため,社会を変え,「差別」を解消しようとする人々にとって,構築主義は有用な手段であった。

構築主義的な動きは,まず事物の中に,自明ではない,人々の関係性の中で作り出された側面があることを指摘するところから始まった。この段階においては,事物の中の構築された(人々の関係性の中で作り出された)側面が,構築されていない側面から区別された。たとえば性差の文脈では,生物学的性差(セックス)には還元されない社会文化的／心理的性差(ジェンダー)が区別された(Money and Tucker 1975=1979)。この区別に基づいて,女性はその身体的特性故に,結婚・出産したら労働から撤退し,家事・育児・介護に専念することが運命づけられているという本質主義的な立場が厳しく批判された。対象となっている問題の中に,構築された側面を見出し,それを構築されざる側面から区別することは,「生物学的宿命」(上野 1995: 1) からの解放に寄与すると考えられた。障害の社会モデルもこの段階の構築主義に属する。障害とは医学的の欠陥であり,障害を持つ者は社会参加が不可能になるのが当然という「常識」に対し,社会モデルは損傷と障害を区別することによって異を唱えた。障害者の参加を妨げる社会の問題である「障害」こそが問題であり,そうした妨げ(社会的障壁)を取り除くことで問題は緩和・解消されると主張したのであった。

しかしこうした非構築物／構築物区別に基づく構築主義は,「非構

築物」の側に論理的欠陥を抱えることになる。この点を指摘したのがバトラー（Butler 1990＝1999）であった。彼女はフェミニズムが従来採用してきたセックス／ジェンダー区別について，構築されざる身体的性差と見えるセックスも，実は構築されていると主張した。彼女によればセックスとは，同性愛・異性愛といったセクシュアリティの差異や，階級・エスニシティなどにより分断されている人々を，「女性」という一枚岩の運動主体に仕立て上げる基盤とされてきた。しかしそうしたカテゴリー化の恣意性こそが問い直される必要がある。これはセックスの構築性を明らかにすることでもある。周知の通りバトラー（ibid.: 29）に従えば，「セックスは，つねにすでにジェンダー」であり，セックス／ジェンダー区別は「結局，区別などではない」のである。

　障害問題における損傷の構築性は，セックスの構築性よりもさらに明白である。このことを，アントニー・ギデンズ（Giddens 2006＝2009: 307-310）が取り上げている事例に即して確認する。先に言及した社会学の教科書の一節「障害の社会学」の中で，ギデンズはヴィッキー・ルーカスという女性のインタビューを引用している。彼女はケルビズムという「遺伝性疾患」を持っており，顔，とりわけ顎が「過剰」に成長しているという。その影響で瞬きに困難があったが，工夫することで克服した。その他機能面の困難はインタビューではほとんど触れられていない。彼女は成長する過程で，他の人に凝視されたり，憐憫の言葉をかけられたりし，外出を恐れるようになった。しかし，問題は自分の顔の外観ではなく，顔に反応する人々の態度にあると考えるようになり，自尊の感情を取り戻した。こうした語りを引用した上で，ギデンズは「顔の外観が損なわれた人びとは障害者なのだろうか」と問うている。

　おそらく想定された解答は，「（少なくとも）社会モデルにおいては障害者」というものであろう。「顔の外観が損なわれていることは，たんに医学的な問題だけではなく，社会的な問題でもあることを実感できた」「私が変えたいと思うのは，私の顔ではなく，社会の態度な

のだと心に決めました」(ibid.: 309) という彼女の言葉は，障害の社会モデルと重なる。社会モデルの枠組みを採用するならば，彼女は，否定的な態度を押しつけてくる社会の側の問題＝障害（ディスアビリティ）の影響を蒙っており，したがって障害者であるということになりそうである。

しかし考えてみれば，この問題は非常に厄介である。社会の問題と言っても多様である。その中には，ジェンダー問題や人種問題，貧困問題などが含まれる。障害とは別の社会問題がある以上，社会の側の問題に害されていることのみをもって，その人を「障害者」と呼ぶことはできない。

ここで障害の社会モデルは，損傷を論理的に前提とせざるをえなくなる。社会モデルにおいて，障害者とはまずもって損傷を持っている人のことであり，その人が社会的不利益や社会的排除を蒙ることを防ごうとしたのが社会モデルなのである。こう考えれば，障害者とその他の排除された人々を区別することができる。

それでは，ヴィッキー・ルーカスは損傷を持っていると言えるのであろうか。確かにケルビズムという疾患名があり，医学的診断がなされている。しかし，医学も社会の一部として捉えうる以上，次のような疑問からは免れえない。何をもって「過剰」な顎の成長と見なすのか，そして何をもって外貌が「損なわれた」，すなわち完全・正常な容貌からの逸脱と見なすのか。そもそも容貌にこだわらなければならないのはなぜか。さらには，彼女の状況を損傷／障害の用語法に組み入れる必然性はあるのか，「「見た目」差別」（西倉 2011: 29）という文脈を独立に立てることもできるのではないか。

こう考えてくると，ヴィッキー・ルーカスが損傷を持つ人であると言えるかどうか，障害者であると言えるかどうかは，明らかに構築されている[8]。すると，障害の社会モデルの基礎にある「身体ではなく社会が問題である」（より穏便な表現としては「身体というよりもむしろ社会が問題である」）という論法は通用しなくなってしまう。社会モデル

は，身体の「問題」である損傷（インペアメント）と社会の問題である障害（ディスアビリティ）を区別する。そして後者がいかにして社会によって生み出されているか，つまり構築されているかに焦点を当てる一方，損傷は周縁化する。ところがもし損傷も社会が生み出す構築物であるならば，身体か社会か，損傷か障害かという社会モデルの基礎的区別が無効化されてしまう。この区別は社会モデルの存在意義に関わるものであり，その結果，社会モデルは何のために存在するのか，何をおこなっているかという問いに答えられなくなってしまう。これは枠組みの根幹に関わる欠陥である。

　ただ，バトラーの批判にも欠陥がある。彼女はジェンダー問題と障害問題を区別できるのであろうか。区別の構築性を暴露することで区別を無効化するという戦略を貫徹しようとする者は，結局対象を見失うことになる。それというのも，対象の同定は，それ以外のものとの区別を基礎としているからである。ジェンダーについて論じようとするならば，それが他の問題系とどのように区別されるのかについて答えなければならない。それはもちろん論者なりの構築であるが，そうした構築なしには，批判対象に依存した批判しか展開することができず，一旦対象が完全に解体されてしまった後途方に暮れることになる。その意味で，彼女が「トラブル」という語を用いたのは適切であったかもしれないが，「ジェンダー・トラブル」という語を用いる資格はないであろう。それというのも彼女は「ジェンダー・トラブル」と「能力トラブル」を区別する理路を用意していないからである。

　そうした意味では，ウールガーとポーラッチ（Woolgar and Pawluch 1985＝2006）の構築主義批判は，自らの批判自体の限界に意識的である点で，バトラーとは異なっている。彼らは，社会問題の構築主義が，社会問題の構築性を指摘する中で，非構築的状態を前提としていることを「オントロジカル・ゲリマンダリング（存在論的詐術）」と呼び批判した。

　彼らが問題視しているのは，次のような議論である。たとえば，現

在子供を殴ることは児童虐待であるとされる。それが社会問題であることは自明視されているが，社会問題の構築主義はこのいわば常識を問い直す。子供を殴ることはどの時代にもあったことであるが，それを虐待として問題視することは最近になっておこなわれたことであり，それ以前はたとえば親によるしつけとして不問に付されていた。ここから児童虐待という社会問題の構築性が指摘される。

また別の例として，マリファナの嗜癖性を巡る構築主義的な議論が挙げられている。マリファナの性質は不変であると考えられるが，それを嗜癖的であると分類するかどうかは変化してきた。1930年代には，マリファナは嗜癖的であるとされたが，その後嗜癖的とは見なされなくなった。このことから，マリファナ問題の構築性が明らかになると論じられる。

これらの構築主義的議論は，社会問題を論じるに当たって，客観的な状態や原因を想定することを批判し，その問題が今ある通りに見えているのは，人々がそのように定義したからであると論じる。しかしウールガーとポーラッチは，こうした議論が，実は客観的な状態の記述に依存しており，したがってこの種の構築主義は貫徹されえないと指摘する。児童虐待の例に即して言えば，児童虐待が社会問題であるかどうかは人々の定義によるとして，その可変性が強調される一方で，子供を殴ることはどの時代でもあったとして，その不変性・客観性が前提とされている。またマリファナの例で言えば，それが嗜癖的であるかどうかは人々の定義によると強調されるときに，マリファナの性質が一定不変であることが前提とされている。これらの前提は，定義の可変性を示すための基礎となっているが，そのことが隠蔽されている。実は社会問題の構築主義は，すべての前提の自明性・客観性を問い直すように見えながら，単に問い直される前提と問い直されない暗黙の前提の境界線を移動させているに過ぎない。こうした線引きの恣意的操作を，ウールガーらは「オントロジカル・ゲリマンダリング」（以下 OG と略す）と呼んで批判したのであった。

障害を巡る構築主義の文脈に目を転じれば，社会モデルが OG 問題を抱えていることは明らかである。障害者の苦境が決して宿命ではなく，社会のあり方によって生み出されていると主張した点で，社会モデルは画期的であった。そうして問い直された部分が障害（ディスアビリティ）と呼ばれ，重視された。しかしその際，損傷は問い直されることのない前提として残った。しかも，先に障害と他の社会問題との区別について論じた通り，この問い直されない部分としての損傷が障害の範囲を画定し，その問い直しを限界づけている。この点は，UPIAS の「社会的定義」のみならず，トマスの社会モデルにも当てはまる。確かにトマスは損傷の文化的要素を考慮しているが，結局それは障害の構築とは独立であり，そうであるからこそ損傷を前提として障害が定義されえたのである。そのため，トマスが障害を問い直す過程では，損傷を同時に問い直すことはできない。トマス流の社会モデルも OG 問題を抱えているのである。

　ただしウールガーらは，OG を回避することの困難も認識している。あらゆる説明は，客観的状態の提示に依存しており，すべての前提の客観性・自明性を問い直すことはできない。「私たちが同定する非一貫性は，私たちが知っているような社会学的議論にとって避けることのできない特徴である」(ibid.: 207)。ウールガーらは，OG の乗り越えを安易に主張しておらず，まずはこうした問題がどのように生成しているか，より詳細に検討する必要があると述べるに止めている。

　実際すでに述べたように，あらゆるものの構築性を暴露し，すべての線引きを無効化する戦略は貫徹されえず，対象規定のために何らかの線引きを必要とするのであった。それは障害の社会モデル自体にも妥当し，さらにはそれに対する「損傷は常にすでに障害である」といった批判にも妥当する。こうした展開は，線引きを移動したに過ぎず，OG 問題は残り続ける。

　そうであるならば，社会モデル後の障害理論を，単純にすべて構築であると指摘する方向に展開することはできない。それではいかなる

展開が可能であろうか。次節では，社会モデル後の障害理論の展開を，構築性の開示としてではなく，反省過程を通じた反省可能性の開示として定式化することができると論じる。そして，そうした展開の「過程」に，「障害社会学」という名称を与える。換言すれば，障害社会学は，障害の社会モデルを経由しつつそれを乗り越え，その先へと延びていく知の動態として位置づけられることになる。

6 反省可能性と反省過程

このように，イギリス障害学の核である障害の社会モデルは，バトラーの批判や OG 問題の存在によって致命的に毀損されたと考えられる。一般に非構築物と構築物を区別する形の構築主義は成立しえない。障害の社会モデルはそうした構築主義の一種である以上，維持することはできない。

このように，障害を巡る社会学に自らを対置してきた障害学は，それ自体の正当性を失うに至る。しかし話を複雑にするようであるが，イギリス障害学の登場がもたらした変化が，すぐれて社会学的であったことを否定する必要はない。障害の社会モデルは，障害を医学的問題とする常識を問い直した。こうした常識の問い直しは，社会学の核心的部分であり続けてきた。チャールズ・ライト・ミルズ（Mills 1959＝1965）の「社会学的想像力」は，日常生活を社会構造や歴史と結びつけることによって，日常生活に対する常識的見方とは異なる新たな知を可能にする。ポール・ウィリス（Willis 1977＝1996）は，社会を生きる人々にとっての常識を，「洞察／制約」という区別によって，研究者の観点から再構成する。それによって，当該の常識の中に，社会構造に関する一面の真理が含まれていることを承認すると同時に，そうした常識自体に，それが社会構造の認識に至ることを妨げる要因が含まれていることを見出す。そうして「制約」を発見することによって，ウィリスは常識を追認するに止まらず問い直すことになる。ロ

バート・マートン（Merton 1957 = 1961）は，人々が気づかず意図していなかった「潜在的機能」に着目することで，人々が気づき意図している，したがって一種常識的な「顕在的機能」を越えて認識を深める方法を提示した。構築主義は，社会モデルのような従来型のものも含めて，こうした常識の問い直しのための，非常に一般的な方法であった。すなわちそれは，一見常識と見えるものが，実は社会的関係性の中で作り上げられており，決して自明ではないと指摘する。こうしたことから，社会モデルによる障害の再解釈は，社会学的な展開であったと言うこともできる。

しかし，常識を問い直す社会学者も，問い直されるべき常識に基づいてそれをおこなっている。本章の最初に述べたように，社会学の特徴は，社会を観察する社会学者，あるいはその研究が，対象である社会の外に出られないことにある。そのため社会学者は常識からまったく自由に，常識の外部からそれを批判できるわけではない。こうした事情から，佐藤（2011）は，社会学がおこなっていることを，「常識を覆す」ではなく，「常識をうまく手放す」と表現した。手放す対象となる「常識」とは，佐藤の見解では社会学者自身の常識であり，内部観察という社会学の特徴を十分踏まえるならば，常識を外部から超然として「覆す」ことなどできない。

OG問題も結局，常識を問い直す構築主義が，問い直されるべき常識を含んでおり，そのため貫徹できないという問題にほかならない。マリファナは常に嗜癖的であるという暗黙の常識に対して，構築主義は，マリファナの嗜癖性に対する認識が変化してきたことを指摘し，それによって人々がおこなう定義の重要性を強調した。こうしてある常識は問い直されたが，その問い直しが認識利得を主張するためには，「マリファナの客観的性質は一定なはずである」という別の常識を問い直さず，むしろそれに訴えざるを得なかった。これは結局内部観察に伴う問題であり，OG問題は社会学にとっては不可避の問題であると考えられる。さらに言えば，OG問題はすぐれて社会学的な問題で

あるとさえ言えるかもしれない。しかし，OG 問題が不可避であるからと言って，もはや何らの常識の問い直しもおこなわなくて良いということにはならない。障害の社会モデルが，損傷を医学に委ね，自ら社会的逸脱パラダイムに立っていることは，やはり問い直すことができるし，その必要がある。問題はそうした問い直しが，いかなる流れの中にあるのかを明らかにすることであろう。すでに「常識をうまく手放すこと」という指針があるわけであるが，ここでは再帰性＝反省性（reflexivity）という概念を基礎として，もう一段考察を進めることとしたい。

　Reflexivity という語は，reflectere（折り返すこと）に由来するという（Wacquant 1992＝2007: 62）。何かから発したものが自らに戻ってくることを指して reflect ということになる。たとえば，キーラン・ボナー（Bonner 2001: 268）は社会学の文脈での再帰性概念と，英文法の再帰動詞（reflexive verb）との関連に言及しているが，主体の客体に対する動作が，主体＝客体であることによって，主体に戻ってくることが reflexive と表現される。ここから考えると，reflexivity を自己関係性として把握することができる。こうした意味では，再帰性という訳語が用いられうる。

　この「自己」の取り方によって，再帰性には多様な用法が生じる。「自己」と言っても，それはものごとにも適用しうる。ウルリヒ・ベック（Beck 1986＝1998）は，ドイツ語で対応する「reflexiv」という形容詞を用いつつ，「再帰的近代化（Reflexive Modernisierung）」（Beck 1986: 249）を論じた。これは「単純な近代化」に対比される概念である。当初近代化は，その外部にあったものごとを解体・変容させてきた。単純な近代化は，人間に脅威を与える自然を馴致すると共に，身分のような封建遺制を解体した。ところがそうした単純な近代化が一巡した後で，近代化の過程は近代化が生み出した諸帰結に対峙しなければならなくなる。今や人々は，原子力発電や環境汚染の脅威に直面するが，これらは紛れもなく近代化の産物である。これらの脅威はか

つてなく広範な被害をもたらす可能性を有し，人々がそうしたリスクから免れられない社会，すなわち「リスク社会」が到来する。また，階級や核家族などの，単純な近代化が生み出した集団も再帰的近代化によって変容を蒙る。男女の身分制的役割分業が解体されたり，労働者階級出身者の社会的地位が向上したりする一方，離婚率の上昇や大量長期失業などが問題になる。こうした集団からの個人の解放が「個人化」である。このようにベックは，近代化が近代化される新たな段階としての再帰的近代化の諸相を描き出した。

　障害社会学は，後述の認識における再帰性のみならず，この種の過程の再帰性にも関わっている。障害学は，一定の成功を収めた段階において，障害学それ自体の帰結に直面する。たとえば，アメリカ障害者法（＝ADA, P.L. 101-336, as amended by P.L. 110-325）や，障害者差別解消法（日本，平成二十五年法律第六十五号）といった障害者差別禁止法制は，障害の社会モデルを原動力として制度化されたと考えることもできる。これらは重要な達成であったが，それによって法的保護の対象となる「障害者」とは誰かという問いが浮上した（O'Brien 2001）。実は障害の社会モデルは障害者の境界を示せないまま暗黙に前提としてきたのであるが，障害の社会モデルが成功を収める中で再検討を要する課題となった。また障害の社会モデルは，障害を治療に還元する発想や，障害者が施設でしか暮らせない状況を批判したが，そうした批判がある程度浸透した段階では，障害者の社会的包摂のために，すなわち社会モデルで言うところのディスアビリティ解消のために，医療や施設は有害でしかないのかという問いを発することができる。こうして障害学が障害学の帰結と直面する段階で必要とされる学知を，障害社会学として再定式化しようとするのが本書の目的である。そのためこの意味においても，本書が提示する障害社会学は再帰性と密接な関係を有している。

　他方で自己関係性としての再帰性概念は，人や認識にも適用されうる[9]。その場合再帰性には，認識が認識自体の限界や暗黙の前提を問い

直すという含意が込められることになる。この場合，反省性という訳語も用いることができるが，以下では再帰性＝反省性という表現と単なる再帰性という表現を同義に用いることとする。たとえば社会学者の再帰性＝反省性を考えることができる。ロイク・ヴァカン（Wacquant 1992＝2007）は，ピエール・ブルデューの社会学が，社会の中の社会学者の位置づけを問い直していることを指摘し，それをブルデューの再帰的＝反省的社会学（リフレクシブ・ソシオロジー）の重要な部分としている。

また，社会学が対象とする人々も一定程度再帰的＝反省的でありうる。たとえばギデンズ（Giddens 1990＝1993）は，人々は行為において，自らが日常的におこなっていることの根拠を絶えず振り返っていると指摘して，この過程を「行為の再帰的モニタリング」（ibid.: 53）と呼んだ。この意味で広く理解された再帰性は，前近代・近代を問わず人々の行為に組み込まれており，近代固有ではないとギデンズは指摘する。伝統社会でも人々は行為の再帰的モニタリングをおこなっている。ただし伝統社会の場合，人々は行為の根拠を伝統の中に見出し確認するに止まる。再帰性もそうした確認に限定されていた。これに対して近代においては，人々は自らの行為について得られた情報に基づき，自らの行為を吟味・改善していく。単にしきたりだからという理由で行為を正当化することは難しくなる。そのため人々の行為における再帰性は，近代においては行為の安定化よりも変化に結びつくことになる。さらに言えば，近代という時代の特徴を，再帰性が伝統や安定性の枠を超えて作用することに求めることもできる。「モダニティに特徴的なのは，……再帰性が —— もちろん，省察それ自体にたいする省察も含め —— 見境もなく働くことである」（ibid.: 56）。

そして，障害社会学の特質を考えるに当たって最も重要なのが，社会学の再帰性＝反省性である。行為者の再帰性と同様に，社会学の再帰性とは，社会学の知それ自体の前提を絶えず問い直していく営みであるといえる。解釈社会学における再帰性概念について検討している

ボナー（Bonner 2001: 270）の表現に従えば，再帰性とは「自らの研究の前提を検討すること」である。障害社会学も，自らの前提を絶えず問い直すことができるという特質を持つことが期待される。これは一見当然のようであるが，特定の理論により規定された学問領域は，この特質を持つことができない。障害の社会モデルを奉じるのが障害学であるとすれば，障害の社会モデルについての根本的な反省は，障害学を破壊するか，少なくとも途絶させる。これに対して本章は，反省に開かれた学問領域として障害社会学を構想する。

すでにここから，障害学と障害社会学の差異についての手がかりは得られるが，前提の問い直しという点に限れば，社会学以外の学問領域も再帰的＝反省的でありうる。再帰性が社会学に特に結び付いている理由は，先述の通り対象である行為者にも再帰性を見出すことができ，社会学がそうした行為者の再帰性を正面から扱うからである。ボナーに従えば，再帰性を巡る諸問題は一般的であると同時に社会学にとって固有でもあり，その固有性の所以は再帰性が「社会的行為にとって中心的であり，したがって社会学の対象そのものを構成している」（Bonner 2001: 267-8）点にある。そうであるならば社会学にとって，したがって障害社会学にとって，行為者による自らの行為の解釈と社会学者によるその行為の解釈の間の往還に意識的であることが肝要である。[10]前者から後者に至る一つの経路が社会調査であると位置づけられる。社会調査は単なる技法ではなく，社会学の特質に関わっていると考えられる。障害社会学においても，社会調査が重要な地位を占めるであろう。

逆に後者から前者に至る経路もある。ギデンズ（Giddens 1990＝1993）にとって，社会科学の再帰性とは，社会科学が認識対象とする人々が，社会科学の知見を知ることによって行為を変化させることである。すなわち，人々を対象として得られた認識が，人々に還流し，人々の行為を攪乱するという循環的関係性が，ギデンズが言うところの社会科学の再帰性である。この再帰性は，必ずしも社会学に限定さ

れない。経済活動の分析のために導入された「市場」や「資本」といった概念が、経済活動に組み込まれていくといった、経済学の再帰性もあるとギデンズは述べる。しかし、社会学は再帰性と最も密接な関連を有するという。「社会学がモダニティの示す再帰性で中軸的位置を占めるのは、社会学が近代の社会生活にたいする最も一般化されたかたちの省察となっていることに由来する」(ibid.: 59)。たとえば社会学が、結婚や離婚について公的統計から得た知見、家族制度や男女の社会的地位、性道徳等の変化について得た知見は、人々の結婚や離婚に影響を及ぼしていく。このように社会学は、学知の対象が学知によって変容を蒙る度合いが最も高い学問であり、その意味でも再帰的であると言いうる。

このように社会学の中心的特徴として再帰性＝反省性を挙げることができる。しかし問題は、無限の反省を織り込んだ静的な再帰性＝反省性を考えることができるかどうかである。OG 問題から導かれるのは、こうした反省は完全に貫徹することはできないということである。確かに、ある常識が問い直されたときに、反省がおこなわれたと言うことはできる。ここでの「反省」は、状態ではなく変化に対して用いられている。つまり、認識の経時的展開過程の一段階について反省という言葉を用いることはできるが、無限の反省を繰り込んだ特定時点での「反省性」を考えることはできない。特定時点の特定の研究がそうした反省性を体現していると主張するならば、それは無反省な態度にほかならない[11]。OG 問題の下では、その種の反省性は不可能である。

ニクラス・ルーマンの次のような言明も、この点に関わっていると理解できる。

　　私たちは、すべての認識するシステムが、ひとつの現実的な環境世界において実在するシステムであるということ、換言すれば、認識するシステムが存在するということから出発します。「それはナイーブ（素朴）だ」としばしば反駁されます。しかし、ナイーブ以外

186

にどのように始めたらよいのでしょうか。開始にかかわる反省は開始する前に実施できず，すでに十分な複雑性を構築した理論の助けによってのみ可能です。(Luhmann 1988 = 1996: 229)

　ルーマンはこの講演の中で，「ラディカル構成主義」について語っている。構築されざる現実のようなものを前提とする素朴な構築主義とは異なり，ラディカル構成主義（構築主義）は，認識がそれ自体以外に，外部の対象に接近する手段を持たないことを受け止める。そうした制約下では，認識は外部との対応関係を一切欠いた構築物として把握されざるを得ない。ルーマンはこうした認識論を自らのオートポイエティック（自己塑成的）システム論と結びつける。社会のようなシステムは，認識するシステムとして理解されうる。システムの認識は，システムが絶えず自らを作り変えていく営みとしての作動の一種として把握できる。ところでルーマンにとって，システムは，そのいわば「外部」としての環境との区別の上に成立する。ルーマンは，システムの作動が環境と直接関係を持たず，作動が作動に接続するといった形で，環境に対して閉じられたシステム観を採用する。こうしたシステム論の下では，一種の作動としての認識も，外部との対応関係を失うことになる。こうしてルーマンのシステム論は，ラディカルな構成主義（構築主義）と結びつくのである。
　ここで，認識がシステム自身に関わる諸項目と関わるとき，とりわけ懐疑に付するとき，反省がおこなわれていると考えることができよう。反省が社会というシステムに準拠し，かつ反省それ自体が一種の学的体系を構成するとき，それを社会学的反省と呼ぶことができる。社会学的反省は，自らの行為に何ほどか再帰的＝反省的である人々の行為や認識について，それらを生成しつつ制約する社会構造・社会常識を問い直す。このように捉えるならば，社会学的反省は社会学という知的営為の核心を成すといっても過言ではなかろう。
　外部の現実との対応関係を遮断され，認識するシステムが自身との

関係の中で閉じているようなラディカル構成主義において，反省は認識の中心的なあり方であると言える。しかし，そうした反省は，反省の前にある諸項目に基づいておこなわれていることにルーマンは意識的である。とりわけ，認識の出発点となるシステムの実在への反省には限界がある。そうしたシステムの実在は，反省の出発点なのであるから，措定せざるを得ない。システムの実在に止まらず，反省は反省に先立つ様々な項目を前提としていると考えられる。反省的研究は，たとえば既存の概念に依拠するほかはない。その概念をさらに反省することはできるが，そうした反省をどこかで打ち切らなければ，研究は書かれあるいは語られることができない。

こうした事態を，「契約における非契約的要素」(Parsons 1937＝1982: 28) になぞらえて言えば，我々は「反省における非反省的要素」とでも呼びうるものに自覚的である必要がある。いかなる社会学的研究も，反省を重要な契機としながらも，やむを得ずどこかで反省を打ち切っており，何らかの前反省的な項目を前提としている。ここで「常識をうまく手放す」という表現を再考するならば，それは社会学者自身が常識を持っていることを前提としており，それは重要な指摘である。また「うまく手放す」ということによって，社会学的研究が常識とはまったく異なる地点に行き着くのではなく，むしろ常識と近い形の知を生み出すことが述べられており，社会学の特徴を考える上でやはり重要であろう。ただし，これに加えてここで指摘する必要があるのは，「手放す」営み自体が何らかの既存の知の自明性を前提としており，換言すれば常識に基づいている。このような次第であるから，社会学的研究が「反省性」を有するというのはやや語弊がある。個々の研究が，何らかの反省を一段進めていると言うことはできよう。しかしそれぞれの社会学的研究は，それぞれの形で「反省における非反省的要素」を有しており，何らの留保もなく「反省的」である社会学的研究はおそらく存在しない。

しかしそれにもかかわらず，社会学は社会の内部で反省を展開し続

ける。そうした社会学の営みを特徴づける言葉として，たとえば「反省可能性（reflectability）」といった言葉を導入できるかもしれない。社会に関するいかなる認識も非反省的要素を有しており反省の対象となりうる。確かに，反省の対象となりうることを示すためには，実際に反省を一段進めて見せる必要がある。その意味では「反省性」とさしたる違いはないように見える。しかし，そうしておこなわれた反省も非反省的要素を有している。そのため，結果として得られた認識もさらなる反省の対象となりうるのであって，そうした認識の性質を「反省性」として特徴づけることは反省の内在的限界を見落とすことにつながる。そうした限界を踏まえてなお，反省過程を進めることの意義と可能性を表現するために導入された弱い概念が反省可能性である。

　反省可能性という概念を用いて，先に社会学の反省性＝再帰性について述べたことを再定式化すると，次のようになる。ある学問領域の境界を反省が破壊する場合，当該学問領域は反省可能性に欠けると言うことができる。障害の社会モデルは，たとえば先の損傷／障害区別と構築主義に関する議論から言って，反省によって毀損されると考えられる。そのため，社会モデルによって境界づけられた学問を障害学と呼ぶならば，それは反省可能性に閉ざされている。一般に，特定の教説によって規定された学問領域には同様のことが当てはまると考えられる。

　反省可能性という特徴づけによって，我々は反省過程に目を向けることになる。社会学的研究は，おそらく反省可能性を開示し続ける過程である。そうした過程は，有限の時間の中で完全に反省性を繰り込んだ状態に到達することはないであろう。しかし，社会の内部観察に基づく社会学は，おそらくそうした反省過程を経なければならないであろうし，またそうした過程を経ることによって新たな認識が加わる以上，そうした知的営為にはなお意義が認められるであろう。

　これを踏まえれば，障害社会学は，障害や関連諸項目に関する認識

の反省可能性を開示する過程によって特徴づけられる。ここで焦点が当たっているのは過程である。それは物体の運動のような意味での知的運動であり、時間軸に沿って展開される。こうした観点からは、共時的な障害社会学対障害学という対立関係を前提としなくても良く、また障害社会学を構想するために、これまでに障害学がおこなった貢献を否定する必要もない。障害の社会モデルやイギリス障害学の登場は、障害社会学の展開過程の一部であったと考えることができる。しかし、障害社会学は、障害の社会モデルという特定の認識にも反省可能性を認めることになる。障害学、少なくともイギリス障害学は、障害の社会モデルという特定の認識を核としているため、それを維持するためには反省可能性を閉ざさなければならなくなる。そうして教条に陥った障害学は、もはや障害社会学の一部ではなくなる。言うまでもなく、損傷を客観的な身体的欠損・機能不全とし、障害を損傷の直接的帰結と見なす医学モデルも、反省可能性の前には維持されえない。医学モデルに立ち戻らないために、社会モデルに固執する必要はない。障害を巡る認識を反省可能性に開いておけば事足りる。

7 障害学と社会モデルへの社会学的反省

　障害社会学は、具体的にどのような反省を可能とするのであろうか。特に障害学および障害の社会モデルに対する反省にはどのようなものがありうるのか。以下では現時点で考えられるいくつかの例を示す。その際、筆者が前著『社会的包摂と身体』(榊原 2016) において、いかなる社会学的反省を行使したのかについても言及する。同書は、障害学を中心とした障害理論、および障害者差別禁止法制を中心とした障害者制度が有する限界を明らかにし、理論社会学に立脚した新たな障害理論を提示した。その点で同書は社会学的反省を遂行しており、障害社会学の前例である。さらに言えば、この反省により、我々の思考を障害学や障害者差別禁止法制から解き放つことが可能となったと

いう点では，障害社会学という領域を可能ならしめた著作であると言うこともできるかもしれない。同書の議論はあくまでも例であり，障害社会学は同書の論じ方に限定されるものではないが，上述の理由から，以下では同書から本書の文脈に関わる部分を少し参照することとしたい。

　障害の社会モデルに関連する項目で，真っ先に次なる反省の対象となりうる項目は「損傷」であろう。損傷は社会モデルという反省の一段階にとっての非反省的基盤であった。そうした側面があっても，社会モデルの登場は有意義な反省でありえたが，今や損傷を反省せずにおくことの問題も明らかとなってきているように思われる。それは社会モデルにおいて，「社会的抑圧」とは関わりなく画定される不完全身体を意味しており，障害者をスティグマ化していると理解されてまったく不思議ではない。解釈社会学が社会的逸脱パラダイムとして批判されるのであれば，社会モデルにおける損傷概念は，少なくともそれと同様の水準で，やはり社会的逸脱パラダイムに属する。また，「障害者とは誰か」という問いは，「損傷とは何か」という問いに帰着するが，社会モデルはそうした範囲の画定を医学に委ね，現代の問題状況に応えうるような適切な指針を与えることがない（榊原 2016: 38-41）。筆者（ibid.: 146-7）は損傷を，あたかも外部のように内部で構築される身体への言及（身体情報）の一種として再定義した。その際，損傷の否定性を社会的排除に帰着させた。これにより，損傷の同定やスティグマ化の問題を回避しつつ，一段反省を進めたものと考える。もちろん，こうした障害理論もさらなる反省可能性に開かれているはずである。

　ここにも見られるように，個々の研究における反省の営みは，そこで用いられる諸項目に対する，論者なりの定義を要請する。構築主義では定義の可変性を強調するため，自らの定義をいわば構築することがおろそかになる。しかし，対象が明らかではない反省の営みは，反省に限定をかけないことにより，論者自身の営みを問い直されないま

まにするという意味で、論者を特権的な地位に置く。それはかえって無反省であると言える。そのため、たとえ後に根本的に書き換えられることになっても、障害現象について論じる際に用いられる諸項目を、論者それぞれの仕方で定義することが必要になる。いずれにせよどこかに非反省的要素はあるものだとすれば、むしろそれを明示することが、自らの研究を反省可能性に開くことにつながるであろう。

損傷・障害概念に対する反省により、障害者の範囲は大きく変化し、障害研究・障害者制度は、より多様な人々の社会的排除に取り組むことができるようになる。たとえば、歯磨きや入浴といった日常生活の活動はこなせるが、仕事などの特定の文脈で、身体および処遇に関わる（とみなされた）排除を受けている人を、そうした文脈の中で障害者としてとらえ、制度的保護や研究による排除の解明の対象とすることが可能になる。一例として、見た目に関わる社会的排除に対して、障害者制度による救済を図ったり、障害研究のこれまでの知見を活かしたりすることができる（榊原 2016: 145-6）。そのため、損傷・障害概念の反省を可能にする障害社会学は、これまでより多様な人々が経験する困難を射程に収めることになる。

障害社会学が反省の俎上に載せるのは、損傷概念のみではない。社会モデルや関連する運動や制度変革が提起した他の諸概念を反省的に捉え直すことも、障害社会学には可能となる。社会モデルは障害者運動から生じており、それに関連する諸観念、たとえば差別禁止・合理的配慮・自立生活・統合教育等の理念は強く規範性を帯びている。しかしそれらの意味内容や位置づけは必ずしも完全に明らかというわけではない。たとえば筆者（榊原 2016: 163-71）は、障害者差別概念を分解・再整理し、身体言及排除の一種として定義することを通じて、「別扱い」の一部（包摂的別異処遇）の再評価をおこなった。このように障害社会学は、障害学とは異なった対象との距離感を可能にする。

こうした距離感は、障害学と結びついた理念を実現することが、順機能だけでなく逆機能（Merton 1957＝1961）を伴っている場合にも生

きてくる。たとえば，障害児の統合教育を支援する支援者が，障害児を担当する「係」のようになり，障害児と健常児の相互作用を阻害する可能性もあることが指摘されている（宮崎 2004: 101-6）。この場合，統合教育やそこでの支援が必ずしも否定されるものではない。しかし何が起きているのかを理解するためには，事象の多様な帰結を考慮に入れる必要がある。障害社会学はそうした要請に応えるのにふさわしい専門領域であると言える。

　障害社会学は，社会モデル／医学モデル区別を反省的に捉え直すこともできる。医学・医療と社会を対立関係に置く必要はない。たとえば，医学・医療も社会の一部であるという解釈も成り立つ。以下のような状況は，社会的排除の一種としての医療からの排除として把握することが可能である。

　　障害者は，障害があるだけで診察を拒否される，診察に当たって介助者や保護者の付添いを求められる，逆に手話通訳者の同席を認めない，障害の特性に配慮した十分な説明に基づく同意がないままに治療されたり，入院させられたりする等の扱いを受けることが多い。（障害者政策委員会差別禁止部会 2012: 43）

　確かに医学は，同意のない治療や強制入院によって，社会的排除としての障害を生成させうる。しかし他方で，医学は障害者の生存を支えてもいる。そうであるからこそ，受診拒否，すなわち医療からの排除が問題となるのである。医療には順機能も逆機能も見出される。この両義性を周縁化してはならず，実際にそうした両義性を正面から検討できるような障害理論を提示することが可能である（榊原 2016: 171-5）。こうした観点から言って，医学モデル対社会モデルという図式は不幸な帰結を生じさせかねない。障害社会学は，医療／社会二項対立なしに，なお障害の社会的生成を反省的に問い直すことが可能である。

この点において，障害社会学とアメリカ障害学との差異も明らかになる。すでに述べたように，アメリカ障害学は，イギリス障害学ほど明示的に，損傷／障害区別に依拠しているわけではない。しかし，医療／社会二項対立は，アメリカ障害学にも見出される。先に引用したSDSの定義を見る限り，それはアメリカ障害学を他の研究領域から弁別するための最重要の特徴である。もしも障害社会学が，医療／社会関係を反省の対象とするならば，障害社会学は，イギリス障害学のみならずアメリカ障害学からも区別されることになる。

　ここまで反省について，社会学者との関係に焦点を当てて述べてきた。しかし，反省が社会学にとって中心的な位置を占める所以を想起するならば，社会学者による反省が人々の常識と密接な結びつきを有することは明らかであり，そのことはすでに述べた通りである。社会学にとって反省という契機が不可欠なのは，社会学が社会の内部観察という特徴を有しているからである。この内部観察の含意の一つは，社会に関わりながら生活する人々による社会の観察に比して，社会学者による社会の観察が特権的な地位を占めることはないということにある。そうした状況で社会についての認識を深化させるために，社会学者は，社会についての人々の観察を繰り込んで認識する。たとえばルーマンが「二階（セカンド・オーダー）の観察」（Luhmann 1997＝2009: 1470）と呼ぶ観察の様態がこれに当たる。そのため社会学者の反省は，社会学者自身の常識と人々の常識を往復しながらおこなわれることになる。

　障害に即して言えば，次のようになる。社会を生きる人々も，障害や障害者，損傷等について何らかの観念を抱いている。人々は，障害に関連して，身体に様々な意味づけをおこなっており，また障害に関わる社会的困難について，身体と結びつけながら，あるいは切り離しながら，何らかの説明をしばしばおこなっている。こうした説明は帰責と呼ぶこともできるが（榊原 2016: 121-2, 129-33），重要なことは，この帰責を医学モデルや社会モデルの主導者である研究者や医師，運

動家などが独占しているわけではないことである。医学モデルと社会モデルの主な相違は因果関係にあった。「障害者」が経験する社会的困難の淵源を,医学モデルは損傷に求め,他方社会モデルは社会的障壁に求めた。しかし両者の葛藤の中で,人々がどのような帰責をおこなっているのかを記述することが困難となってしまう。障害社会学は,一部の帰責が特権化されていたことを反省的に問い直すことで,障害を巡る人々の意味世界の探求を可能にする。

　人々が抱いている障害を巡る様々な観念のあるものは,通常自明視されており,一種の常識となっている。こうした人々の常識との関係において,社会学者の反省は二つの方向性を取りうる。一つは,社会学者の観点から,人々の常識を問い直しあるいは再構成するという方向性である。障害とは医学的問題であるという常識に対して,社会モデルが障害を,社会的不利益や社会的排除の問題であると再解釈したことは,こうした方向の反省の一例として考えられる。しかしこの方向性だけでは,「常識を覆す」だけに終わってしまう。やはり社会学者がいかなる常識の下で,いかなる反省をおこなっているのかを問い直さなければならない。そのためには,人々の常識を基礎として社会学者の常識を反省するという方向性も必要となる。損傷を医学的状態と見なしてきた従来の知に対しては,人々が損傷を巡っておこなう様々な意味づけを検討することで反省をおこなうことも可能かもしれない。その重要な手段は先述の通り社会調査であるが,障害社会学は,理論的研究と経験的研究とを問わず,障害を巡る人々の常識を反省の不可欠の契機として組み込むことになる。

　以上で障害社会学という専門領域が,いかなる特徴を持ちうるのかについて考察してきた。すでに述べたように,緩めの特徴づけを提示したつもりではあるが,障害社会学が持ちうる多様性を覆いえていないかもしれない。その場合は誰かが再度規定すれば良いのであり,また障害の連字符社会学という出発点に立ち戻れるのであれば,そこから考え直せば良い。本章で論じたような特徴づけがどの程度当たって

いるのかについては，実際の個別の研究との往復の中で確認されるほかはない。本書の諸章は，障害社会学の生きた実例である。読者はそれらを読み，本章の内容との比較の中で，障害社会学という領域が何であり，何でありうるのかについて考えていただきたい。

【注】
[1]　先の国際社会学会の研究委員会には，健康や精神疾患，身体という関連領域が存在する。特に精神疾患は障害に含めて考えることができる。しかしいずれにしても，これらは障害概念と同一の範囲を覆うわけではなく，焦点が異なってくる。
[2]　これらの本は障害者だけを扱ったものではないが，対象の中で障害者は重要な一部となっている。
[3]　類似の題名の著書としては，たとえば『軽度障害の社会学』（秋風 2013）等が存在する。
[4]　モーテン・セーデル（Söder 2009）は，狭義の障害学と広義の障害学を区別する。彼に従えば，狭義の障害学は，唯物論的あるいは観念論的背景を有し，運動と密接に結びついてきたものである。他方広義の障害学は，単に社会科学や人文科学における障害についての研究を意味する。こちらを指すために障害研究という用語が用いられることがあるという（本章ではさらに広く，障害についての研究一般として障害研究の語を用いている）。セーデルが言う広義の障害学は特定の理論的前提や運動と結びつけられていない。以下で概観するアメリカとイギリスの障害学は，広義の障害学に比較すれば何らかの限定がかけられており，したがって狭義の障害学と言うことができる。以下の考察は，これら狭義の障害学と障害社会学を区別する（ただし共時的に排反なものとしてではなく）試みであるが，他方障害社会学を広義の障害学の中に含めることも論理的には可能である。しかしそれを理由として障害社会学の固有の意義を否定し，障害学を称揚することはできない。そもそも広義の障害学は，たとえば従来の特殊教育の知を含む幅を持つ。障害社会学を広義の障害学に含めた上で，障害社会学の意義を矮小化しようとする論者は，まず広義の障害学自体の意義の稀薄さに直面することになる。
[5]　特に後者は，本章で述べる OG 問題に直面する。
[6]　後述するように，本章は障害学を，障害社会学の一過程として位置づけることになる。そのため，障害社会学と障害学を同じ水準で対立させてはいない。
[7]　ここで挙げたような疑義が，国際生活機能分類（ICF）（WHO 2001）における損傷の統計的な規定にも妥当することを，筆者（榊原 2016: 47-53）は指

摘した。

[8] イギリス障害学の中でも，ポール・アバリー（Abberley 1987）は「損傷の自然化」という過程に着目し，それによりバトラー流の物質化論に接近するのであるが，損傷とは何かを明らかにする水準に至っていない。

[9] スコット・ラッシュ（Lash 1994＝1997）は，マルクス主義退潮後の批判理論の再興の手がかりとして，再帰性概念を検討している。彼は，再帰性を構造からの行為者の解放に結びつけた上で，概念を通じた「認知的再帰性」と，ミメーシスを通じた「美的再帰性」を区別している。ラッシュは認知的再帰性を，ポスト工業社会の権力の側にあるとして批判的に論じる。問題は，ラッシュ自身のこの論考自体が概念による認識であり，認知的再帰性との関係を問われる点にある。

[10] こうした循環関係が成立するということは，行為者の意味世界と社会学知の間の類似性を看過し得ないということでもある。ウールガー（Woolgar 1988）は，表象に求められる二つの性質として，類似性と示差性を挙げる。両者はそれぞれ，表象とその対象の間の近さと遠さを示している。良い表象は対象に似ていなければならないが，単なる複製であってもならない。そのため，類似性と示差性はいずれも不可欠であるが，両者の間には緊張関係が存在する。ウールガーによれば，自然科学の場合，類似性は余り問題にならない。他方，社会科学においては，自らが認識する行為者を対象とするため，類似性を無視しえない。そうかといって，行為者の認識をただ複製するだけでは，社会科学の科学としての存在意義がなくなる。そのため社会科学は，類似性の極と示差性の極の間にすわりの悪い仕方で位置づくことになる。ウールガーは，前者を構成的再帰性（constitutive reflexivity），後者を穏和な内省（benign introspection）と名づけている。後述の「二階の観察」概念は，行為者の観察と社会学者の観察を一旦異なる水準に置いているという点では示差性に結びつく。他方，二階の観察もまた一階の観察でありうるという意味では，類似性も示している。そのため，二階の観察という表現は，示差性と類似性の間の緊張関係を解決するわけではないものの，その緊張関係の中で社会学が対象に対して取る距離感を定式化したものとして把握できる。

[11] ここで生じている問題を，ポルナー（Pollner 1991）が言うところの「ラディカル再帰性（radical reflexivity）」に関連づけると次のようになろう。ラディカル再帰性は，社会の成員の社会的行為に加え，成員の行為の分析者による分析行為，さらに分析者の再帰性の評価者による評価行為が，社会的現実を構築していることを反省する。ポルナーは，エスノメソドロジーが当初有していたラディカル再帰性が弱まり，分析者や評価者が除外された「内生的再帰性（endogenous reflexivity）」に取って代わられたと批判する。換言すれば，エスノメソドロジストは人々がその営為を通じていかに現実を構築する

かを観察するが,観察する視座それ自体への問いは,エスノメソドロジーが社会学の一部として一定程度制度化されるにつれて後景に退いた。ボルナーはラディカル再帰性の方を称揚するのであるが,ラディカル再帰性は,再帰性の評価者への問い直しまで含むため,同定不可能である。逆に言えば,ある認識がラディカル再帰性を有していると断定すると同時に,ラディカル再帰性は破壊される。

【文献】

Abberley, Paul (1987) "The Concept of Oppression and the Development of a Social Theory of Disability," *Disability, Handicap & Society*, 2(1): 5-19.

秋風千惠 (2013)『軽度障害の社会学』ハーベスト社.

Albrecht, Gary L. ed. (2006) *Encyclopedia of Disability*, Thousand Oaks, CA: Sage.

Barnes, Colin and Geof Mercer (1996 → INT.) "Introduction: Exploring the Divide," Colin Barnes and Geof Mercer eds. *Exploring the Divide: Illness and Disability*, Retrieved Jan 21, 2017, http://disability-studies.leeds.ac.uk/publications/exploring-the-divide/ .

Barnes, Colin, Geof Mercer and Tom Shakespeare (1999) *Exploring Disability: A Sociological Introduction*, Cambridge: Polity Press. (=2004, 杉野昭博他訳『ディスアビリティ・スタディーズ——イギリス障害学概論』明石書店.)

Beck, Ulrich (1986) *Risikogesellschaft auf dem Weg in eine andere Moderne*, edition suhrkamp, Frankfurt am Main: Suhrkamp. (=1998, 東廉・伊藤美登里訳『危険社会-新しい近代への道』法政大学出版局.)

Blaxter, Mildred (1976) *The Meaning of Disability: A Sociological Study of Impairment*, London: Heinemann.

Bonner, Kieran M. (2001) "Reflexivity and Interpretive Sociology: The Case of Analysis and the Problem of Nihilism," *Human Studies*, 24(4): 267-92.

Burr, Vivien (1995) *An Introduction to Social Constructionism*, London: Routledge. (=1977, 田中一彦訳『社会的構築主義への招待——言説分析とは何か』川島書店.)

Bury, Mike (1996 → INT.) "Defining and Researching Disability: Challenges and Responses," Colin Barnes and Geof Mercer eds., *Exploring the Divide: Illness and Disability*, (Retrieved Jan 21, 2017, http://disability-studies.leeds.ac.uk/publications/exploring-the-divide/).

Butler, Judith (1990) *Gender Trouble: Feminism and the Subversion of Identity*, New York: Routledge. (=1999, 竹村和子訳,『ジェンダー・トラブル——フェミニズムとアイデンティティの攪乱』青土社.)

Dewsbury, Guy, Karen Clarke and Dave Randall (2004) "The Anti-social Model of

Disability," *Disability & Society*, 19(2): 145-58.
Giddens, Anthony (1990) *The Consequences of Modernity*. (＝1993, 松尾精文・小幡正敏訳, 『近代とはいかなる時代か？——モダニティの帰結』而立書房.)
——— (2006) *Sociology*, Cambridge: Polity Press. (＝2009, 松尾精文ほか訳, 『社会学』第5版, 而立書房.)
Goffman, Erving (1963) *Stigma: Notes on the Management of Spoiled Identity*. (＝2003, 石黒毅訳, 『スティグマの社会学——烙印を押されたアイデンティティ』せりか書房.)
——— (1961) *Asylums : Essays on the Social Situation of Mental Patients and Other Inmates*. (＝1984, 石黒毅訳, 『アサイラム——施設被収容者の日常世界』誠信書房.)
後藤吉彦 (2010)「テーマ別研究動向（障害の社会学）」『社会学評論』61(1): 79-89.
Hughes, Bill and Kevin Paterson (1997) "The Social Model of Disability and the Disappearing Body," *Disability & Society*, 12(3): 325-40.
Humphrey, Jill C. (2000) "Researching Disability Politics, Or, Some Problems with the Social Model in Practice," *Disability & Society*, 15(1): 63-86.
International Sociological Association (2016) "Research Committees," (Retrieved Jan 21, 2017, http://www.isa-sociology.org/en/research-networks/research-committees/).
Lash, Scott (1994) "Reflexivity and Its Doubles: Structure, Aesthetics, Community," *Reflexive Modernization: Politics, Tradition and Aesthetics in the Modern Social Order*, 110-73. (＝1997, 叶堂隆三訳,「再帰性とその分身——構造, 美的原理, 共同体」『再帰的近代化——近現代の社会秩序における政治・伝統・美的原理』而立書房, 205-315.)
Lemert, Edwin M. (1951) *Social Pathology; A Systematic Approach to the Theory of Sociopathic Behavior*. New York: McGraw-Hill.
Luhmann, Niklas (1988) "Erkenntnis als Konstruktion," (＝1996, 土方透・松戸行雄訳,「構成としての認識」『ルーマン, 学問と自身を語る』新泉社, 223-56.)
——— (1997) *Die Gesellschaft der Gesellschaft*. (＝2009, 馬場靖雄ほか訳『社会の社会』法政大学出版局.)
Mannheim, Karl (1932) *Die Gegenwartsaufgaben der Soziologie*. Tübingen: Verlag J.C.B. Mohr. (＝1976, 朝倉恵俊訳,「社会学の現代的課題」樺俊雄監修『マンハイム全集3 社会学の課題』潮出版社.)
McRuer, Robert (2006) *Crip Theory; Cultural Signs of Queerness and Disability*. New York: New York University Press.
Merton, Robert (1957) *Social Theory and Social Structure*, Glencoe: Free Press. (＝1961, 森東吾ほか訳, 『社会理論と社会構造』みすず書房.)

Mills, C. Wright (1959) *The Sociological Imagination*. (=1965, 鈴木広訳, 『社会学的想像力』紀伊國屋書店.)

宮崎隆太郎 (2004)『増やされる障害児――「LD・ADHD と特別支援教育」の本質』明石書店.

Money, John and Patricia Tucker (1975) *Sexual Signatures: On Being a Man or a Woman*, London: Harrap. (=1979, 朝山新一ほか訳, 『性の署名――問い直される男と女の意味』人文書院.)

西倉実季 (2011)「顔の「異形」は障害である――障害差別禁止法の制定に向けて」松井彰彦・川島聡・長瀬修編著『障害を問い直す』東洋経済新報社, 25-54.

O'Brien, Ruth A. (2001) *Crippled Justice: The History of Modern Disability Policy in the Workplace*, Chicago: University of Chicago Press.

Oliver, Michael (1983) *Social Work with Disabled People*, London: Macmillan.

―――― (1990) *The Politics of Disablement*, London: Macmillan Education. (=2006, 三島亜紀子ほか訳, 『障害の政治――イギリス障害学の原点』明石書店.)

Parsons, Talcott (1937) *The Structure of Social Action: A Study in Social Theory with Special Reference to a Group of Recent European Writers*, Glencoe: Free Press. (=1982, 稲上毅・厚東洋輔訳, 『社会的行為の構造――デュルケーム論（第3分冊）』木鐸社.)

―――― (1951) *The Social System*, New York: Free Press. (=1974, 佐藤勉訳, 『社会体系論』青木書店.)

Pollner, Melvin (1991) "Left of Ethnomethodology: The Rise and Decline of Radical Reflexivity," *American Sociological Review*, 56(3): 370-80.

榊原賢二郎 (2016)『社会的包摂と身体――障害者差別禁止法制後の障害定義と異別処遇を巡って』生活書院.

佐藤俊樹 (2011)『社会学の方法』ミネルヴァ書房.

障害者政策委員会差別禁止部会 (2012)「『障害を理由とする差別の禁止に関する法制』についての差別禁止部会の意見」(2014 年 9 月 11 日取得, http://www8.cao.go.jp/shougai/suishin/seisaku_iinkai/pdf/bukai_iken1-1.pdf)

Society for Disability Studies (2016a) "Mission and History," (Retrieved Jan 21, 2017, https://disstudies.org/index.php/about-sds/mission-and-history/).

―――― (2016b) "What is Disability Studies?" (Retrieved Jan 21, 2017, https://disstudies.org/index.php/about-sds/what-is-disability-studies/).

Söder, Mårten (2009) "Tensions, Perspectives and Themes in Disability Studies," *Scandinavian Journal of Disability Research*, 11(2): 67-81.

Stone, Deborah A. (1984) *The Disabled State*, Temple University Press.

Thomas, Carol (1999) *Female Forms: Experiencing and Understanding Disability*, Buckingham: Open University Press.

――――(2007)*Sociologies of Disability and Illness: Contested Ideas in Disability Studies and Medical Sociology*, Basingstoke: Palgrave Macmillan.

Townsend, Peter（1979）*Poverty in the United Kingdom*, Berkeley, California: University of California Press.

上野千鶴子（1995）「差異の政治学」井上俊ほか編『ジェンダーの社会学』岩波書店，1-26.

UPIAS and DA（＝The Union of the Physically Impaired against Segregation and the Disability Alliance）（1976）*Fundamental Principles of Disability*, London: UPIAS and DA.

Wacquant, Loïc J. D.（1992）"Toward a Social Praxeology: The Structure and Logic of Bourdieu's Sociology," Pierre Bourdieu and Loïc J. D. Wacquant, *An Invitation to Reflexive Sociology*, Chicago: University of Chicago Press.（＝2007, 水島和則訳,「社会的実践の理論に向けて――ブルデュー社会学の構造と論理」『リフレクシヴ・ソシオロジーへの招待――ブルデュー, 社会学を語る』藤原書店, 15-93.）

Western Social Science Association（2014）"Sections and Affiliates," Retrieved Jan 21, 2017, http://www.wssaweb.com/sections.html .

WHO（＝World Health Organization）（1980 → INT.）"International Classification of Impairments, Disabilities, and Handicaps: A Manual of Classification Relating to the Consequences of Disease," Retrieved Mar 14, 2017, http://apps.who.int/iris/bitstream/10665/41003/1/9241541261_eng.pdf .

――――（2001）*International Classification of Functioning, Disability and Health*, Geneva: WHO.

Willis, Paul E.（1977）*Learning to Labour : How Working Class Kids Get Working Class Jobs.*（＝1996, 熊沢誠・山田潤訳,『ハマータウンの野郎ども』筑摩書房.）

Woolgar, Steve（1988）"Reflexivity is the Ethnographer of the Text," Steve Woolgar ed., *Knowledge and Reflexivity: New Frontiers in the Sociology of Knowledge*, London: Sage, 14-34.

Woolgar, Steve and Dorothy Pawluch（1985）"Ontological Gerrymandering: The Anatomy of Social Problems Explanations," *Social Problems*, 32(3): 214-27.（＝2006, 平英美訳,「オントロジカル・ゲリマンダリング――社会問題の説明をめぐる解剖学」平英美・中河伸俊編『構築主義の社会学』新版, 世界思想社, 184-213.）

あとがき

　学問には必ず問いがあります。本書の問いは「障害社会学という学問領域を構想するとしたら，それはどのようなものになるか」というものです。この問いは，「障害問題というテーマについて社会学を使うことには，どのような意味があるか」という問いと大きく重なっています。この問い自体の意味についてご説明するために，編者である私の個人的経験に少しだけ言及することをお赦し下さい。

　大学入学以来，私は「学際性」の中で学び研究してきました。学際性というのは，既存の学問領域（たとえば法学・政治学・経済学・社会学など）の境界を横切るような研究・教育のあり方を指す言葉です。学部前半の教養課程でも，学部後半の専門課程そしてその後の大学院でも，一つの学科にいながらにして，色々な分野の授業を受けることができました。そして学生がその中からどの学問を学ぶのかは，かなりの程度自由でした。

　ただしそうした学際的環境にあっても，そこで学ぶ者は，何らかの専門性を身につけることを求められます。私は最終的に社会学を選びましたが，社会学を選んだと言えるのは大学院に入ってしばらくしてからでした（ここでも社会学のみを専門とする研究科に入ったわけではありません）。それまでは，思想やほかの社会科学を中途半端につまみ食いしながら，自分は何を専門にすればよいのか迷っていました。すぐ後に書くように，障害をめぐる社会問題への問題関心は持っていたのですが，それを扱うための枠組み選びで思案していたわけです。

　そうした次第で，障害問題を社会学によって考えることを，私は後から「選択」したのであり，社会学部・社会学科に入ったから当然というものではありませんでした（こちらも入学時点での選択ではあるわ

けですが)。すると今度は、他の選択肢もあった中で、社会学を選択したのはなぜかが問題となります。別の言い方で言えば、他でもない社会学を選んだことの意味が問われるわけです。この問いを、大学院に入ってからも漠然と考え続けたのですが、その答えは、博士論文を書き終え、大学院を修了して3年以上経った今、ようやく形となりました。博士論文では、このテーマについて社会学、特に理論社会学を使うことで、どのような知見が得られるのかをいくらかは示せたと思いますし、2016年11月に博士論文を書籍として出版した『社会的包摂と身体——障害者差別禁止法制後の障害定義と異別処遇を巡って』は、第16回日本社会学会奨励賞(著書の部)受賞という形で評価していただきました。しかしこのテーマについて社会学を使うこと自体の意味については、十分明らかにできていませんでした。それは私にとって長年来の宿題でした。本書はこの宿題への私なりの答えです。

話は戻りますが、学際的な環境の中で、私が学部入学当初に興味を持ったのが、「障害学」でした。社会学や経済学などの既存の学問領域を横断して、障害の社会的側面について考えるという点では、障害学も学際性の一例でした。障害という、これまで医学的に扱われることが多かった問題を、社会との関係で考えるという「社会モデル」の発想に共感を覚え、障害学の本も読み進めました。

ただ、研究を進め、私自身の取り組み方が少しずつ見えてくる中で、ある時期から障害学との距離の取り方を模索するようになりました。その一因は、第7章にも書き、前著『社会的包摂と身体』でも述べたように、障害学の中心となる社会モデルという考え方がもはや通用しないと思い至ったことにあります。しかし、社会モデルを核に成立している障害学内部で、社会モデルを問い直すことには限界を感じました。問い直されない前提は容易にドグマ(教条)となります。そこから研究者として身を引きはがして自由になるためには、そうした自由を表現する言葉が必要となりました。「障害社会学」と「社会学的

反省」は,まずもって私自身を解放するための言葉でした(それらを所与と見なした瞬間にそれらは新たな桎梏となるのでしょうが)。幸いにもそうした言葉に意義を見出して下さる人が他にも現れ,こうして編著書として世に出ることとなりました。

折しも,日本に障害学を紹介した『障害学への招待——社会,文化,ディスアビリティ』(石川准・長瀬修編著,1999年)の出版から今年で20年となりました。障害学に代わる新たな知の領域を,こうした時機に提示できることに感慨を覚えます。本書の公刊を契機に,この領域で真摯な思考が積み重ねられて行くならば,これに勝る喜びはありません。

本書の元となったのは,日本社会学会第89回大会(2016年)で私が企画した「障害の社会学」というテーマセッションです。その時の発表者や来場者,その知り合いの研究者が執筆者となり本書は始動しました(後でお声掛けした方もいらっしゃいます)。総論や各章の構想についての発表会のほか,障害学の編著書を読む勉強会も行いました。そうしてできたのがこの本です。

本書の各章のうち,2・3・6章は学術論文として公刊されたものを,大幅に加筆修正した上で転載したものです。転載をご承諾くださった出版社の皆様に厚くお礼申し上げます。これらの論文はもともと,社会学を専門とする著者による優れた障害研究でしたが,今回の障害社会学という構想から見て,どのような点に障害社会学としての特質が現れているかを明示するなど,様々な修正を行っていただきました。著者にはお手数をおかけしましたが,その甲斐あって,読み応えがさらに増したと感じます。

➤ 第2章 浦野茂(2013)「発達障害者のアイデンティティ」『社会学評論』64巻3号,492-509。
➤ 第3章 樫田美雄(2013)「〈障害者スポーツ〉の可能性——「非

障害者スポーツとしての障害者スポーツ」は，障害の未来をどう開くのか」『現代スポーツ評論』29 号，2-15。
- 第 6 章　渡辺克典（2003）「相互行為儀礼と言語障害──〈気詰まり〉を生きる吃音者」『現代社会理論研究』13, 177-189。

（第 1・4・5・7 章は書き下ろし）

　本書のいくつかの章は調査にもとづいて執筆されたものです。調査にご協力いただいた皆様に深く感謝申し上げます。

　私を指導してくださった先生方にもお礼を申し上げたいと思います。特に学部・大学院時代の指導教員である市野川容孝先生は，問題関心と共に専門を持つことの重要性を説いて下さいました。「障害社会学」を主題とした本書は，そうした指導を背景として書かれたものです。また長瀬修先生・杉野昭博先生から障害学を教わり，私自身がそれを経由しなければ，本書は形にならなかったと思います。ここにお名前を挙げなかった先生方を含め，本当にお世話になりました。

　出版をご快諾いただいた新曜社の皆様，本書をより良くするためにご尽力くださった編集部の髙橋直樹様に深く感謝申し上げます。

　本書を妻・香織および私や各執筆者を支えてくださったすべての方に捧げます。

　　2019 年 7 月

榊原 賢二郎

人名索引

◆ あ 行
アバリー，P. 197
新井孝昭 119
石井政之 2
石川准 74
石島健太郎 x
イヤル，G. 41
ヴァカン，L. 184
ヴァン・ライパー，C. 137
ウィリス，P. 180
ウールガー，S. 173, 177-179, 197
浦野茂 vii
岡原正幸 118, 119
岡部耕典 90, 91, 110
オリバー，M. 158, 171-173

◆ か 行
樫田美雄 viii, 68, 69, 74
ギデンズ，A. 156, 175, 184-186
キャンベル，F. 121
金鶴泳 137
ゴフマン，E. xi, 1, 57-62, 136-143, 148, 149, 155, 162, 167

◆ さ 行
榊原賢二郎 34, 119, 120, 122, 133
サックス，H. 62
佐藤俊樹 154, 181
シノット，A. 1
ジョンソン，W. 137
シンガー，J. 41
須長史生 2
セーデル，M. 196
染谷莉奈子 viii

◆ た 行
竹田青嗣 148

立岩真也 118, 119
土屋葉 92
デューズベリー，G. 61, 163, 164
デュルケーム，E. 141, 142
トマス，C. 156, 160, 161, 165-168, 172, 179

◆ な 行
長瀬修 75, 76
中根成寿 92, 93, 107
ニキリンコ 40

◆ は 行
バー，V. 173, 174
パーソンズ，T. 162, 166, 169
バーンズ，C. 161, 162, 168-170
ハッキング，I. 62
バトラー，J. 173, 175, 177, 180
ハンフリー，G. 162, 163
フーコー，M. 167
ブルデュー，P. 184
ベック，U. 182, 183
ベリー，M. 170-172
ポーラッチ，D. 173, 177, 178
ボールドウィン，J. 138
星加良司 117
ボナー，K. 182, 185
堀智久 121

◆ ま 行
マーサー，J. 168
マートン，R. 181
ミルズ，C. 180
モリス，J 117

◆ や 行
安川一 138, 139
要田洋江 91, 92

人名索引 207

横塚晃一　117
吉村さやか　vi, 24

◆　ら・わ　行

ラッシュ, S.　197
ルーマン, N.　186-188, 194
レマート, C.　167
渡辺克典　xi
渡正　68-70, 81

事項索引

◆ あ 行

ICD-11　61
アイデンティティ　vii, 1, 2, 5, 59, 60, 62
アスペルガー症候群　vii, 38-40, 42, 61
アダプテッド・スポーツ　viii, 67, 69, 72, 79, 80, 82
医学モデル　ii-iv, 61, 62, 76, 85, 152, 169-172, 190, 193-195
逸脱　46, 115-117, 122, 130, 161, 166, 167, 171, 176, 182, 191
意図せざる結果　vii, 89, 108
医療化　39-41, 59
医療社会学　156, 162, 165-170
胃瘻　119, 121, 122, 130, 133
ウィッグ生活　21, 22, 24, 25, 29, 34
エスノメソドロジー　83, 112, 164, 166, 197, 198
円形脱毛症　vi, 2, 3, 6-9, 11, 14, 15, 20, 21, 29, 31, 32, 35, 36
エンパワメント　132
エンハンスメント　82
OG 問題　173, 179-182, 186, 196

◆ か 行

解釈社会学　166-168, 184, 191
介助者　iv, 123, 125, 126, 133, 193
書き換え　58, 117, 118, 120, 129, 159, 192
家族社会学　91
カツラ生活　16, 21, 22, 24
カミングアウト　5, 36
気管切開　128, 130
帰責（帰属）　34, 48, 62, 194, 195
吃音　xi, xii, 136-140, 143-149, 206
機能（身体機能・社会学的機能を含む）　i, ii, iv, 25, 38, 39, 60, 74, 76, 78, 115, 124, 125, 127-129, 133, 152, 158, 169, 171, 175, 181, 190

規範　ix, 1, 89, 92, 93, 108, 116, 117, 120, 133, 192
逆機能　192, 193
筋萎縮性側索硬化症　x, 116, 123
口文字　x, xi, 124-127
グループホーム　88, 90, 93, 94, 99-102, 108-111, 113
車椅子バスケットボール　67, 69, 70, 77, 78, 81, 83, 85
車椅子マラソン　66
グレーゾーン　iii
ケア　ix, 89, 91-93, 98-100, 106-109, 111, 113, 124
ケアの社会化　91, 92, 106, 107
ケアの社会的分有　92, 93, 107, 108
欠損　→損傷
言語障害　xi, 136, 137, 148, 206
健常主義　116-118, 121, 132
健全者幻想　117
行為理解　48-51
構成的ルール　73, 84
広汎性発達障害　vii, 38, 39, 42, 61
国際障害分類　169
国際生活機能分類　196
個人モデル　iv, 89, 158
コミュニケーション　x, 51, 80, 84, 95-97, 102, 106, 107, 120, 122-127, 130

◆ さ 行

再帰的近代化　182, 183
再生医療　131
サイバスロン　67, 83
差別　ii, iii, vii, 5, 31, 74, 75, 91, 122, 152, 163, 172, 174, 176, 183, 190, 192, 193
参与観察　61
ジェンダー　1, 2, 5, 26, 34, 35, 92, 173-177
支援費制度　93

施設　ix, 61, 90, 93, 98, 101, 102, 110-112, 118, 159, 183
自閉症　38, 39, 41, 42, 110
自閉症スペクトラム障害　61
社会化　31, 92, 93, 117, 171
社会学的想像力　180
社会学的反省　152, 153, 187, 190
社会構築主義　67, 68, 74, 75, 78, 163
社会生活技能訓練（SST）　vii, 42, 48-51, 54-59, 61
社会的逸脱レンズ　167
社会的障壁　5, 6, 174, 195
社会的排除　31, 34, 35, 120, 162, 176, 191-193, 195
社会的包摂　120, 121, 133, 183, 190, 204
社会的抑圧　160, 166-169, 191
重度訪問介護　90, 111
修復的交換　143-145
受容　57, 128, 169
順機能　25, 192, 193
障害者運動　iii, 89, 115, 117, 119, 121, 132, 152, 159, 162, 163, 169, 192
障害社会学　i, 5, 65, 67, 80, 81, 83, 89, 110, 148, 152-157, 164, 165, 168, 169, 171, 172, 175, 180, 183-185, 189-196, 203-206
障害者権利条約　ii
障害者差別解消法　ii, 183
障害者水泳　viii, 70, 72, 77-79, 85
障害者スポーツ　viii, 65, 67-76, 79, 80, 82-85
障害者総合支援法　viii, 88, 90, 100, 106, 108, 111, 113
障害の文化　117
自立生活　ix, 110, 117, 118, 192
人格　xi, 141-144
進行　x, xi, 115, 122-131, 152, 167
人工呼吸器　124, 128, 130, 133
人工内耳　131
身体障害　38, 75, 80, 92, 110, 159, 163
診断　vii, viii, 7, 39, 41, 42, 60, 61, 140, 147, 148, 176
スキンヘッド　vi, vii, 1-3, 6, 14, 16-19, 31, 32, 36
スキンヘッド生活　16, 22, 23, 25, 26, 29, 31, 33
スティグマ　1, 2, 24, 34, 149, 155, 158, 167, 191
スルーネットピンポン　84
性別役割　26, 91
脊髄損傷　131
説明コスト　107
セルフヘルプ　5, 33
潜在的機能　181
全身性障害　110
専門職　90, 94, 98, 100, 106, 107
相互行為　xi, xii, 61, 71, 99, 136-149
相互行為儀礼　xi, 136, 137, 141-143, 148, 206
損傷（インペアメント）　ii, iii, 5, 69, 71-78, 81, 83-85, 157-163, 169-177, 179, 182, 189-192, 194-197

◆　た　行

知的障害　viii-x, 38, 88, 90-95, 106-112, 118, 163
中途障害　117, 118
徴候　138, 140, 149
超人スポーツ　67, 68, 82, 83, 85
通所サービス　88, 90, 91, 93, 103, 106, 108, 111
DSM-5　61
同化主義　65, 67
当事者研究　61
当事者性　169
透明文字盤　126
当惑　138-140, 149
特別支援学校　42, 95, 112
トランス・アビリティ　133

◆　な　行

内部観察　154, 181, 189, 194
難病　x, 116
二階の観察　194, 197
二次障害　122, 123
脳性麻痺　117, 123

能力　x, xii, 46, 56, 57, 69, 70, 72, 73, 76, 82, 83, 115, 116, 119, 120, 122, 123, 125, 127, 128, 130-133, 145, 148, 169, 170, 177
　　対人的——　45-47, 55, 58, 59

◆　は　行

パターナリズム　121
パッシング　24, 25, 33-35, 149
発達障害　vii, viii, 38, 39, 41-43, 51, 56-61
発達障害者支援センター　38, 42, 61
発達障害者支援法　38, 39, 42
パラリンピック　79
反省　i, iii, 153, 164, 169, 182, 184-195, 197, 205
反省過程　164, 180, 189
反省可能性　180, 189-192
ピア・カウンセリング　117, 118, 129, 132
表敬　141-145
病人役割　166
品行　141, 143-146
福祉　i, iv, 38, 39, 42, 43, 85, 88, 90-93, 95, 104, 106, 108, 110, 113, 162
分配的ディレンマ　168
帽子生活　20, 22, 23, 25
補助的交換　143, 145, 149
本質主義　174

◆　ま　行

マタサブロウ　82
見た目　vii, 3, 13-15, 32, 33, 176, 192
盲人卓球　viii, 70, 71, 73, 74, 76-78, 84, 85

◆　ら　行

ライフコース　vii, 34
リハビリテーション　61, 65, 79, 118, 158
リフレクシブ・ソシオロジー　164, 184
ループ効果　62
レイベリング　127, 167, 171
連字符社会学　153, 154, 156, 195
聾者バレーボール　84
ろう文化　119

本書のテキストデータが必要な方へ

　本書のご購入者の方のうち、視覚障害・肢体不自由等により書字へのアクセスが困難な方へテキストデータを提供いたします。ご希望の方は以下の方法によりお申し込みください。

■ **CD-R の郵送をご希望の方**：ご連絡先を明記の上、引換券（コピー不可）および 140 円分の切手を小社までお送りください。

■ **メールによるファイル送信をご希望の方**：ご連絡先を明記の上、引換券（コピー不可）を小社までお送りください。

■ **あて先**
〒 101-0051
東京都千代田区神田神保町 3 － 9
新曜社第一編集部　テキストデータ係

【引換券】
障害社会学
という視座

執筆者紹介（執筆順）

吉村 さやか（よしむら さやか）
日本大学大学院文学研究科社会学専攻博士後期課程。日本学術振興会特別研究員 DC2。
主な論文に，「『カツラ』から『ウィッグ』へ——パッシングの意味転換によって解消される『生きづらさ』」（『新社会学研究』第 1 号，2016 年）など。

浦野 茂（うらの しげる）
三重県立看護大学看護学部教授。博士（社会学）。
主な著書に，『概念分析の社会学——社会的経験と人間の科学』（共編著，2009 年，ナカニシヤ出版）など。

樫田 美雄（かしだ よしお）
神戸市看護大学看護学部准教授，保健医療社会学会長（2017〜2019）。博士（社会科学）。
主な著書に，『医療者教育のビデオ・エスノグラフィー』（共編著，晃洋書房，2018 年）など。

染谷 莉奈子（そめや りなこ）
中央大学文学研究科社会学専攻博士課程後期課程。日本学術振興会特別研究員 DC1。ミッド・スウェーデン大学（スウェーデン，エステルスンド）に約 2 年間留学。帰国後，障害者のためのグループホーム勤務を経て現所属。自身も重度知的障害の妹をもつ，知的障害者家族である。

石島 健太郎（いしじま けんたろう）
帝京大学文学部社会学科講師。博士（社会学），専門社会調査士。
主な論文に，「障害者介助におけるコンフリクトの潜在化——介助者間の相互行為に注目して」（『社会学評論』第 66 巻 2 号，2015 年）など。

渡辺 克典（わたなべ かつのり）
徳島大学大学院社会産業理工学研究部准教授。博士（社会学），専門社会調査士。
主な著書に，『触発するゴフマン——やりとりの秩序の社会学』（共編著，新曜社，2015 年）など。

編者紹介

榊原 賢二郎（さかきばら けんじろう）
1984 年神奈川県生まれ。東京大学大学院総合文化研究科博士課程修了。博士（学術）。2017 年に第 16 回日本社会学会奨励賞（著書の部）受賞（受賞作:『社会的包摂と身体——障害者差別禁止法制後の障害定義と異別処遇を巡って』）。東京大学大学院総合文化研究科国際社会科学専攻助教を経て，現在，国立社会保障・人口問題研究所社会保障基礎理論研究部第四室長。専門は障害社会学。専門社会調査士。
著書に『社会的包摂と身体——障害者差別禁止法制後の障害定義と異別処遇を巡って』（生活書院，2016 年）。

障害社会学という視座
社会モデルから社会学的反省へ

初版第 1 刷発行　2019 年 9 月 10 日
初版第 3 刷発行　2021 年 12 月 10 日

編　者　榊原賢二郎
発行者　塩浦　暲
発行所　株式会社　新曜社
　　　　〒 101-0051　東京都千代田区神田神保町 3-9
　　　　電話 (03)3264-4973 (代)・FAX (03)3239-2958
　　　　E-mail：info@shin-yo-sha.co.jp
　　　　URL：https://www.shin-yo-sha.co.jp/
印　刷　長野印刷商工 (株)
製　本　積信堂

Ⓒ SAKAKIBARA Kenjiro, 2019 Printed in Japan
ISBN978-4-7885-1641-0　C1036

———— 好評関連書 ————

触発するゴフマン
やりとりの秩序の社会学
中河伸俊 渡辺克典 編
四六判304頁 本体2800円

ワードマップ エスノメソドロジー
人びとの実践から学ぶ
前田泰樹・水川喜文
岡田光弘 編著
四六判328頁 本体2400円

実践の中のジェンダー
法システムの社会学的記述
小宮友根
四六判306頁 本体2800円

ライフストーリー研究に何ができるか
対話的構築主義の批判的継承
桜井 厚 石川良子 編
四六判266頁 本体2200円

病いの共同体
ハンセン病療養所における患者文化の生成と変容
青山陽子
A5判320頁 本体3600円

ヴェブレンとその時代
いかに生き、いかに思索したか
稲上 毅
A5判706頁 本体6400円

（表示価格は税を含みません）

新曜社